ENDARKENMENT

Wesleyan Poetry

ENDARKENMENT

ARKADII DRAGOMOSHCHENKO

SELECTED POEMS

Edited by
Eugene Ostashevsky

Translated by
Lyn Hejinian,
Genya Turovskaya,
Eugene Ostashevsky,
Bela Shayevich,
Jacob Edmond, and
Elena Balashova

Foreword by
Lyn Hejinian

Wesleyan University Press | Middletown, Connecticut

Wesleyan University Press | Middletown CT 06459 | www.wesleyan.edu/wespress | Manufactured in the United States of America | Designed by Eric M. Brooks | Typeset in Skolar by Tseng Information Systems, Inc. | Wesleyan University Press is a member of the Green Press Initiative. The paper used in this book meets their minimum requirement for recycled paper. | Earlier versions of these translations have appeared in *American Reader, The Germ, Gulf Coast, Ice Floe, Jacket2, Little Star, A Public Space*, and Arkadii Dragomoshchenko's *Description* (Sun & Moon, 1990).

ART WORKS. arts.gov This project is supported in part by an award from the National Endowment for the Arts.

Library of Congress Cataloging-in-Publication Data

Dragomoshchenko, A. (Arkadii), author. | [Poems. Selections. English] | Endarkenment: selected poems / Arkadii Dragomoshchenko; edited by Eugene Ostashevsky; translated by Lyn Hejinian, Genya Turovskaya, Eugene Ostashevsky, Bela Shayevich, Jacob Edmond, and Elena Balashova; foreword by Lyn Hejinian. | pages; cm.—(Wesleyan poetry series) | Includes bibliographical references. | ISBN 978-0-8195-7392-6 (cloth: alk. paper)—ISBN 978-0-8195-7393-3 (ebook) | I. Ostashevsky, Eugene, editor of compilation, translator. II. Hejinian, Lyn, translator, writer of added commentary. III. Turovskaya, Genya, translator. IV. Shayevich, Bela, translator. V. Balashova, Elena, translator. VI. Edmond, Jacob, translator. VII. Title. VIII. Series: Wesleyan poetry.

PG3479.6.R28A2 2014 | 891.71'44—dc23 | 2013028428

5 4 3 2 1

CONTENTS

PHOTO: ROSA KHATSKELEVICH

FOREWORD

The great Russian poet Arkadii Dragomoshchenko passed away on September 12, 2012. Born on February 3, 1946, in Potsdam, Germany, he spent his childhood in the Ukrainian city of Vinnytsia, which he experienced as a site at which numerous languages and cultures intersected and co-existed. At the time of his childhood, in addition to Ukrainian and Russian, one could hear Moldovan, Polish, Romany, and Yiddish on the streets of the city, and his awareness from early childhood of the language's habit of producing simultaneously convergent and divergent meanings must be understood as a fundamental source of his poetry. Similarly fundamental was his memory of holes in the fence enclosing his grandmother's small garden. These were the apertures through which he made his first conscious observations of the world, irregular circles of sensation. They were portals, but they became over time, emblematic, too, of the aporias that puncture consciousness and that neither knowledge nor speculation can ever fill. The polyglot city and the holes in the fence proved to be dual points of departure for Arkadii's poetics; they also appeared in one of his first letters to me.

"My youth went by in the Ukraine," he wrote, "in a small town in the southwest. Let's write: there was a garden. There were holes in a fence. The grandmother had a God. There were holes in my memory, which later began to correspond to holes in fences, through which I used to run away, though their significance, I think now, is quite abstract. Let's write: there was a book. And now I am wiping away my tears, and taking off a wet hat, gluing on an ink beard, and warming my hands over a fireplace. The rain was loud. I want to think of this town. From the 16th century on, this town was a real melting pot, simmering, over the flames, all sorts of things, cultures, languages, religions. Everything: Polish, Ukrainian, Russian, Greek, Catholicism, Orthodoxy, Judaism, and. . . . And again I hear this town's dancing, intractable tongue."[1]

Arkadii was exquisitely attuned to language, with its syllables and silences, its restless, ephemeral patterns—"the formulae of dragonflies." His writings weave through the windy mists and sunstruck hazes of language, catching a flutter of movement at an etymological intersection, spotting a flicker of past desire in the echo of a word. In conversation his ideas came rapidly, even insistently, but he was a meditative writer, drawn into absences as well as intersections. He was obsessed with time, but not, as so many poets are, because he mourned its evanescence or transience. Instead, time as he came to know it, was expansive—moments don't flee; they swell, spread out. He inhabited time, lingered in its circles, dreamed its language. His powers of scrutiny were microscopic and mystical; his magnitude of thought was macroscopic and sought the cosmos. He was a poet of the Far East and of the Far West; he was a philosopher of distance in whose thinking persistent attention was given to proximity.

He heard what most of us forget on waking, he caught the echo in the spaces between things, caught the faint aroma of some intention, some initial gesture, saw the shimmer raised by the intersecting of things, noted effects whose causes had gone astray or were still far in the future.

Occasion, coincidence, and chance caught his interest, because of the pull they exert on things. With Arkadii's death, his writings, which were about the ephemeral and unlikely, chance encounters and shifting perception, quick changes of topic and the pursuit of echoes, have turned into philosophical science. He was a poet in the tradition of Lucretius, following atoms of sensation into the crinkled atmospherics of thought.

Now, in the wake of Arkadii's unexpected death, key elements of his poetry seem to have intensified. His work always included elements of melancholy, his relation to the things of which he wrote always included a degree of irony and reserve, the intimacy with which time and things faced each other in his writing was always prolonged to the threshold of infinity. But now one can't help but feel that, in writing this way, he was writing reality, not speculation. Or perhaps it is more accurate to say that he was writing permanence, that strange temporal field of the endless paradox in which plenitude and absence coincide.

"Now speech has lost its speed, it lags as the nights lag, becoming briefer and nevertheless longer. Time marvelously stills, involving one in its dance, allowing itself to stay in place in innumerable gradations. Hitherto unseen, but always having been, simple understanding doesn't go away: the world whirling in a beautiful absence of will, in which glimmers an unintelligible belief in everything, to the point of idiotic tears, when one sets out for milk in the morning and stops at every step."[2]

LYN HEJINIAN

ENDARKENMENT

Алексею М. Парщикову

воскресенье, 10 мая 2009 г.

Я не верю, что так закончилось, вообще не верю, нет.
Там никогда ничего не заканчивается, там — море воздуха.
Там, если ты хочешь быть с ней навсегда, ничего страшного,
Поскольку страшного нет вообще, есть одна нищета, а в ней
Ничего страшного нет, ничего страшней нет того, что страшно,
Как и любовь, которая ниже всех нищих, всех ниже всего,
Но счастье в другом, не в том, чтобы быть безумным, но
Чтобы казаться, но быть в это же время безумным, который
При случае скажет, что нет ничего слаще на свете быть идиотом.
На этом закончим, потому что у всех тех, кто смотрит на нас
Низко посаженные глаза, они великолепны в гипсе поз и речи.
Близко посаженные глаза, длинные гипсовые рукава,
Руки медленны, исчезают из взгляда. Легки на уходе крови и
После реплики. Кто учил их мастерству прямой речи? В которой
Ни слова о том, как хвоя прикипала к плечам, когда их не было
Изначально, и не будет, поскольку будут дирижабли Парщикова
Его стада и мои диоптрии, адреса, телефоны, и никакой нефти.

to Alexey M. Parshchikov

(Sunday, May 10, 2009)

I don't believe that it ended like that, don't believe it at all, no.
Over there, nothing ever ends, over there, there's an ocean of air.
Over there, if you want to be with her forever, there's nothing terrible
about it,
Because the terrible doesn't exist, there is only poverty, and there is nothing
Terrible about that, there is nothing more terrible than what's terrible,
Like love, which is beneath all beggars, beneath everyone, everything,
But happiness lies elsewhere, not in being a madman, but in seeming
To be one, and in being at the same time a madman who will say,
When the occasion is right, that there's nothing in the world that's sweeter
than being an idiot.
We'll end there, because everyone who is looking at us
Has low-set eyes, they are magnificent in the plaster of poses and speech.
Close-set eyes, long plaster sleeves,
The hands are slow, disappear from sight. They are light at the passing
of blood and
After a retort. Who taught them the art of direct speech? In which
there isn't a single
Word about how the conifer needles clung to the shoulders,
when they didn't exist
In the first place, and won't, because what will exist
are Parshchikov's dirigibles,
His flock, my diopters, addresses, telephones, and no oil at all.

[G.T.]

Трофиму К. Драгомощенко

Разве твоя в том вина? Моя? Говорят, скоро весна,
а тебе столько, сколько было всегда, и к тому же—
больше не снишься.
Ты еще говорил в тот прошлый раз . . . Но что?
Что имеет значение? Говорить: мало этого? или же много?
Ни один горизонт не может быть так достоверен,
как прочерченный падением камня.
Что реки идут, набирая артериальную силу пространства?
Грамматика не выдерживает немоты, скола воды,
разреза рыбы, птичьего вопля из-за холма на рассвете?
Подводная чешуя, разумеется, и плавники, тень, босые ноги.
И кто-то еще, как клетки в арифметической длинной книжке.
Скоро лица почернеют от солнца. Действительно так.
А, может, и хорошо, что так,—летом легче, летом
не нужно оборачиваться назад и даже тени небытия
ищут прохладу в кострах дома, тая в стенах на этажах,
разодранных напрочь корнями ореха, настурции, маттиола.
Даже там, где были, и куда возвращаться не нужно.
Милосерден мир. Потому вода волной, затоном после.
Не надо более возвращаться в грузное тело, втискиваться
к спящим мумиям сигарет, среди фигур вина,
теллурических книг, в зенит уставясь стоять оторопью слюды.
Не надо ни возвращаться,
ни покидать, когда бессонница, как дитя по разлуке

to Trofim K. Dragomoshchenko

Is the fault really yours? Mine? They say it's verging on spring,
and you are as old as you've always been,
and—moreover—no longer appear in my dreams.
That last time you were saying . . . But what?
What truly matters? To speak: is that not enough? or too much?
Not a single horizon can be as distinct
as the one charted by the stone's fall.
That rivers run, gathering the arterial force of space?
Grammar doesn't abide muteness, shards of water,
the incision of a fish, the whooping of birds from beyond the hill at sunrise?
Underwater scales, of course, and fins, shade, bare feet.
And some others—like cells in a long arithmetic book.
Soon faces will blacken from the sun. It is truly so.
And perhaps that's good—it's easier in summer, in summer
there is no need to look over one's shoulder and even the shadows
of non-being
search out coolness in the bonfires of a house, melting into the walls
on the stories
torn apart by the roots of the nut tree, the nasturtium, the matthiola.
Even there, where we've already been, where we needn't return.
The world is merciful. That's why water rises as a wave, then the tide ebbs.
There is no need to return to the cumbersome body, to press against
the sleeping mummies of cigarettes, to stand as mica,
among the figures of wine,
of telluric books, staring bewildered into the zenith.
No need to return,
no need, during insomnia, to flee, as the child after parting

оплетает безумием сердце. Неразумное,
ему говорят, «куда ты!»,—ему говорят,—а оно,
точно тело, в прививках оспы, узлах переломов,
закатах оперных ран, в татуировках инверсий, а кто—зерна,
когда ничего не остается ни с ней, а только невнятные буквы,
магниевые льды скальпеля, и иное.
Разумеется, в такой же груде тел, когда пора наступит,
и, судя по всему, никогда больше не станешь сниться.
Не в луне дело, не в весне, поре горла. Ветшают сны,
разваливаются на куски, и золото их
слоится стаями летучих рыб, слепнущих над чешуей глубин.
Потому как,—вот что! почти забыл—не видеть
тебя в белом кителе в купоросных кристаллах сирени.
Их разводил руками, захлебываясь, бежал
(вот откуда то, что явится тысячелетием позже).
Оставалось немного, чтобы увидеть,
как облокотясь о теплый капот виллиса. Что мог сказать
в ту пору? Как мог понять то, что не понимаю сегодня?
Как невыносимо свежо и косо несет бензином,
и какие-то на отлете белые платья женщин.
Конечно, вода, кувшинки, горячие латунные гильзы,
близорукость. Но даже и без вспомогательных стекол вижу,
как между тобою и мною растет и растет небо,
вздымаясь выше, чем Гималаи.

entangles the heart with madness. You're unreasonable,
they tell him, "what are you doing!"—they tell him—and it
is just like the body, its smallpox inoculations, knots of fracture,
sunset of operatic wounds, its tattoos of inversion, some of them seeds,
when nothing remains that is not with her, but vague letters,
the scalpel's exquisite glaciers, other things.
By all accounts, in the same heap of bodies, when the time comes,
judging by everything, you'll no longer appear in dreams.
It is not a question of the moon, of spring, of the time of the throat.
Dreams decay, fall to pieces, and their gold
flakes into flocks of flying fish, going blind over the scales of the abyss.
Because—that's it! I almost forgot—not to see
you in military whites among the vitriolic crystals of lilacs.
I parted them with my hands, gulping air, I ran
(This is from where what will appear a millennium later).
Not much time remained to see you there, leaning
on the warm hood of the jeep. What could I have said
then? How could I have understood what I don't understand today?
How cleanly and slantingly it wafts of gasoline,
and women's white dresses at the sidelines.
Of course, water, water lilies, hot brass cartridges,
myopia. But even without auxiliary lenses I see
how between you and me the sky widens and widens,
rising higher than the Himalayas.

[G.T.]

1

Из книги «На берегах исключенной реки»

1

From *On the Shores of the Expelled River*

Повременим. Листва, сухость, отсутствие насекомых.
Это—Пергамский фриз изменений,
тени заменяют отсутствующие части глаза,—
        фаянс исторгнут.
Могущество их несомненно,
однако пыль пожирает героев, пыль пожирает себя
на свету во вращении, в солнце, в луче ночи—
единственном, расщепляющем сердцевину
ежечасной буквы, бесплодной битвы . . .
Дальше ступить. Не двигаться.
Здесь так положено. Так принято.
В чем не приходится сомневаться.

Let us halt. Leaves, dry air, the absence of insects.
Here is the Pergamon frieze of changes,
shadows replace the missing parts of the eye—
        the faience forced out.
Who can doubt their power,
yet dust devours the heroes, dust devours itself
circling in the light, in the sun, in the light of night—
alone its circling shivers the heartwood
of the incessant letter, the fruitless battle . . .
Take another step. Do not move.
That is how it's done here. That is the rule.
And there is no occasion to doubt it.

[B.S., E.O.]

Политику

По просьбе Аркадия Блюмбаума;—а
на следующий вечер с Зиной и Евгением
Павловым при молдавском Cabernet
Sauvignon; рассеянные разговоры
о Новой Зеландии.

Когда ты, политик, сны разговариваешь по тетради,
потому что остальное грифелем страшит ночью,
синим, и крошки не пленяют, ни сброшенная одежда,
ни двери, ни вены на икре, ни глаза,
ни стекло во льнах эгейских,—
стимфалийские соловьи свищут тебе безвозмездно,
и кто-то думает перед сном, что ты прежде играл
в круглый футбол, бил колено вдребезги, был ливень
на головы, но никто не был помазан, алмазный . . .

но сколько детского горя в глине было, которая
повиликой нас обвивала, политик, сколько нежной боли
было в сыпучем гравии, хрусте; потом к ручью
мчались через воскресный народ, и народ не ведал
о том, что мы проиграли, но, может быть, мы тогда
победили,—протоколы истлели
в цементных чертогах;
не помню, зачем вечер над столом стлался, когда
ты стащила с себя джинсы и попросила за это книгу,
название которой забыл . . .—а сосны ночью?
Политик, не забывай, как тащил головастиков
из дождевой бочки.

To a Statesman

As requested by Arkady Bliumbaum—and
the following evening with Zina and Evgeny
Pavlov over Moldavian Cabernet
Sauvignon; drifting banter
about New Zealand.

When you, Statesman, speak dreams across the notebook,
because the rest menaces night with blue graphite,
and crumbs don't captivate, nor cast-off clothes,
nor doors, nor veins along the calf, nor eyes,
nor glass in Aegean linens—
for you Stymphalian nightingales magnanimously whistle,
and someone thinks just before sleep that once, long ago
you played circular football, smashed your knee to pieces,
the rain washed over your heads and no one was anointed, slated . . .

But how much childhood grief was in the clay
that clung to us like ivy, Statesman,
how much tender pain in the loose gravel, the crunch; later
we raced to the stream through the Sunday crowd and the crowd
didn't know
that we had lost that game, but then again, maybe we won it—
protocols turned to dust in concrete castles;
I don't remember why evening spread itself over the table, when
she pulled off her jeans and in return asked for a book
the name of which I can't remember . . . and the pines at night?
O Statesman,
don't forget how you pulled tadpoles out of the rain barrel.

Там водоросли—фригийской, пентатоновой мелочью,
а ты себя видел и пытался яхту пустить в водоеме,
глубина его превышала тебя (ты бы там захлебнулся),
а ширина была так, по пояс, что кораблик
казался хлебным, а потом пустые годы, стройные,
словно стропила пожара.

Не окончанье ли явное подвигло тебя угодить
не в малину, но в сухие листы,
по пересчету косы под клевер. Плакал ли ты,
когда понимал, что голоса тех к тебе не доносятся.
То есть они доносились, звали на ужин, домой, но шли
как бы сквозь, потому и решил, что воспрянешь
и все будет сделано, наденешь пиджак, прочтешь
историю о героях, но мята тебе говорила, что
много печали, никого нет, мать там, откуда малина,
сухие кусты, жуки златые зовут откуда,
но чему никто не откликнется,
потому что другие сезоны, а ты давно взрослый,

политик, ты—мыслишь законы, забывая,
что правил не понял простой математики;
так и в школе,
где впервые вдруг ощутил запах соседки по парте,
когда империи рушатся, словно мел на доске дочерней,
когда платье тебе не досталось,
а если осталось, то никому.

There algae swayed—Phrygian, pentatonic trifles,
and you caught sight of yourself and tried to launch a yacht in the cistern,
its depth over your head (you would have choked on water)
and the breadth just so, no higher than the waist, so that the little boat
seemed to be made of bread, and later,
                                        empty years passed, lean as the rafters of a fire.

Was it not the obvious end that drove you not into the raspberry brambles
but the dry leaves, to the scythe's swing through the clover. Were you crying
when you understood that the voices didn't reach you. That is,
they did reach you—called you to supper, to come home—but they passed,
as it were, through you,
so you decided that would be it, you would get up,
put on a jacket, read a story about heroes, but the mint leaves
muttered that there is lots of sorrow, that there is no one there,
mother is there, from where the raspberry, the dry hedges,
the gold beetles call from, but there'd be no answer because
the seasons are different,
                                    and you have been a grown-up for a long time,

Statesman, you conceive laws,
forgetting that you failed to grasp the rules of simple mathematics;
the same as in school when for the first time you sensed the smell of the girl
                                                            you shared your desk with,
when empires crumble like chalk on the lackboard, and you didn't
get your hands on the dress and if someone did,
                                                                then it was no one.

Где ты не то чтобы проиграл, просто здесь не успеть,
устал, то есть, когда ты пришел, никого уже не было,
кроме куста бересклета, белой малины,
закрашенных окон.
Вот откуда, когда уходим, ты возникаешь,
недоуменья полон, будто мести,—
было бы просто говорить о футболе, продули сдуру.
Чрезмерно небо.
Деньги не поддаются терпенью. Из нас кто-то
изводит—имя, склонение. Неким
доступно одно сновиденье, другим два:
различия никакого—одно им видится: чердак,
жара лета, медлительные руки,
снимающие паутину с ладони ветра.

Where you didn't exactly lose, there just isn't enough time,
you grew tired, that is, when you arrived everyone had already gone
except for the spindle bush, the white raspberry, painted-over windows.
This is from where, as we leave, you appear
full of bewilderment,
or retribution—it would have been easy to talk about football:
we bombed miserably. The sky is excessive. Money doesn't yield to
patience.
Out of us someone extracts—name, declension. Some have access
to only one dream, others to two: there is no difference—
they see the same thing: an attic, summer heat, sluggish hands
brushing a cobweb from the palm of the wind.

[G.T.]

Сны, которые видят фотографов

шелкография для гипса ноги Анатолия Барзаха

«Умираем». Значит ли, что цветы никнут, как.
Означает ли, что крошатся многословием пепла —
а мы в других странах и нет паспорта,
транспорта, какая-то Касабланка, станция.
Тронь что-либо, а потом, много спустя,
после расслоится «тем временем».

Одно «лишь». Значит ли, что жест мерцает
сквозняком в переходах, где точке
не суждено преступить меру ряби,
когда ты равен сумме зрачка и влаги;
закат в ней вогнут залогом. Воздух темен —
кто дышит им? Черств и сомкнут.
Сух. Как пляж беспечен. Ты вообще — репейник,
                    матрица уподобления в устье цвета,

налет зернистый на языке, кислотная забава
послеполуденного расписания. Ключа латунного
на восковом шнурке отпечаток в стекле.
Лед ли, таянье — и то и другое
голубям привычно на аметистовых.
Впрочем, слова беструдны. С нами: «склоны», «пята»,
«счисление» соочередностей тетивы. Также
дурное пение. Да нет . . . вот и окно в полуметре,
рукой подать, — огромное,
                         как сухарь жевать деснами.
К тому же давно открыто . . . Ни прорезей крови,
бессмертие в ржавой извести. Ничто
не омрачает руку, тем паче белое поле тушью.

Dreams Photographers Appear To

a silkscreen for Anatoly Barzakh's leg cast

"We are dying." Does this mean that flowers are wilting, how.
Does it mean they are crumbling with the prattle of ash—
while we are in other countries, without passports,
no transportation, some Casablanca, a station.
Touch anything and then, much later,
"in the meanwhile" will stratify afterwards.

Just "merely." Does it mean that the gesture shimmers
like a draft in a passage, where a point
can never surpass the measure of ripples,
when you equal the sum of your pupil and moisture;
the sunset curled into it like a pledge. The air is dark—
who breathes it? Clenched and stale.
Dry. Like a beach, untroubled. You're just a thistle,
                    an assimilation matrix for the stoma of color,

a grainy film on the tongue, acid amusement
of a free afternoon. A glass print
of a brass key on a wax string.
Ice or thaw—either one being
habitual to doves on the amethyst.
In any case, words give no work. With us are: "slopes," "heel,"
"numbering" of bowstring co-oscillations. Also out of tune
      song. Yet no . . . there's the window
half a meter away, within reach—enormous,
                    like chewing croutons with your gums.
Besides, it's long been open . . . No hemorrhaging,
immortality in rusty quicklime. Nothing
darkens the hand, no ink falls on the white field.

[B.S.]

Ослабление признака

Видеть этот камень, не испытывая нерешительности,
видеть эти камни и не отводить взгляда,

видеть эти камни и постигать каменность камня,
видеть все каменные камни на рассвете и на закате,

но не думать о стенах, равно как о пыли
или бессмертии,
видеть эти камни ночью и думать
о грезах осей в растворах,

принимая как должное то, что при мысли о них камни
не добавляют своему существу ни тени, ни отсвета,
ни поражения.

Видеть эти же камни в грозу и видеть,
как видишь зрачки Гераклита, в которых
безразличие камня подробно, подобно щебню.

Рассматривать природу подобий,
не прибегая к симметрии. Отвернуться и видеть,
как камни парят и крылья им—ночь,

и потому они выше, чем серафимы,
летящие камнем к земле, горящие в воздухе,
словно чрезмерно длинные волосы,—

к земле, которая в один прекрасный момент
ляжет последним камнем в основу
избыточного вещества,—

The Weakening of an Indication

To see this stone and not experience indecision,
to see these stones and not to look away,

to see these stones and comprehend the stoneness of stone,
to see these stone stones at dawn and at sunset,

but not to think of walls, no, not to think of dust,
                                        or else, deathlessness,
to see these stones at night and think
of the reverie of axes in liquid solutions,

accepting as evident that, at the thought of them, stones
add to their essence neither shadow, nor reflected light,
                                                        nor defeat.

To see these same stones in a thunderstorm, see them
as you see the pupils of Heraclitus, in which
the indifference of stones recurs, recalls gravel.

To examine the nature of resemblance, without resorting to symmetry.
To turn away and see how stones hover—
                                    night for their wings,

and this is why they are higher than seraphim,
                              hurtling as stones toward the earth,
burning, as excessively long hair, in the air—

toward the earth that in one fell spark
will lie down as the last stone in the foundation
                              of superfluous essence—

как долго еще означаемым тлеть на меже углем инея?
Столько же, сколько камням, которые снятся падению.

Раньше к весне под стропилами
ос вскипали жаркие гроздья.
Прежде весной просыпался песок,
по ветру стлался спиралью,

тысячеокий, как снег или наскальный бог,—иногда
ястреб воздушных набегов
в непрерывные страны алфавита об одной букве.

Лишь гримасой по краю, в растительных жилах,
слепою розой, вспышкой плененный кристалл,
будто морем присвоенный остров.

Может быть, подземной травой над ручьистой стопою,
но вступающий в обводы двоения,
в острую окись разрыва.

Что он? Как переводится?
Какова мера прошлого?
Откуда?
Повод?

Да, не слышу: такова тетива маятника.

Глазного яблока дрожь.

Узкий парус пустыни.

for how much longer will the signifieds smolder, coals of hoarfrost,
at the parameter?
For as long as the stones that are dreamt by the act of falling.

Earlier, toward spring, faceted clusters of wasps
rose to a boil under the rafters.
Earlier, in spring, sand would awaken,
spread as a spiral in the wind,

thousand-eyed, like snow or a cliff-carved god—the hawk of airborne raids
advancing into the continuous country of a single-letter alphabet.

Only as a grimace along the margin, in the tension of sinews,
as a blind rose,
crystal captured in a flash, like an island annexed by the sea.

Or possibly as subterranean grasses over streaming footfall,
except entering into the contours of bifurcation,
the acrid oxide of rupture.

What is it? How is it translated?
What is the measure of the past?
Where does it come from?
What is its motive?

Yes, I do not hear: such is the pendulum's string.

Trembling of the eyeball.

The narrow sail of the sand.

[G.T.]

Не сон, а цветение невидимого остатка,—
что проще в краю, где в глубинах глазного яблока
восходит над озером озеро.
Сумма форм, вынесенных за пределы вещи,
как трещина за пределы пространства.
Погода—единственное, во что переходит время.

Паводок вечера. Петли листвы клейкой,
детские вскрики в дельте. История начиналась
безоговорочно, слухом, раковиной в пальцах.
Кровь, вкрапленная в камни,
заточенная в частицы кварца,—
вновь дарует длинную жадность корню
в этой холмистой местности: смотрим издалека:
деревья те же. Отличаются начертаньем листа,
а также степенью смерти.

Имена приходят позднее, наподобие тетрадей,
лагун, ламп, мела. Много спустя в привычной речи
«сейчас» встречается со словом «сейчас».
Чему не сыскать ответа ни в едином молчаньи,
промедлении, ни в одном отголоске безоговорочной,
призрачной и все же—истории.

Время которой стало погодой, расширеньем предмета.
Впрочем, пока еще не решил,
где лучше глазами с тобою встречаться. В зените?
Там зияние вселяет надежду, совершенно-слепяще.
Либо в низинах, где ты и туман не отличны ни в чем,
и потом, никогда стопу здесь не тронет тропа
бесшумного щебня.

Not dream, but the flowering of an invisible trace—
what can be simpler in that place where, in the pupil's depth,
a lake rises over a lake.
The sum of forms, carried beyond the limits of the object,
like a fissure beyond the limits of space.
Weather is the sole event that time passes into.

Evening's freshet. Loops of resinous foliage,
the cries of children in the delta. The story began
without resistance, as a rumor, a conch shell in the fingers.
Blood, seeping into stone,
imprisoned in fragments of quartz,
again grants the root its lengthening greed
in this hillscape: we look from a distance:
the trees are the same. They differ
                                        in their leaf lines,
and also the stages of death.

Names come later, resembling diaries,
lagoons, lanterns, chalk. Later still, in common speech,
"now" encounters the word "now."
This can find no answer in any silence,
deliberate pause, or single reverberation of the unconditional
and ephemeral—but nevertheless real—story.

Time that has become weather, the object's expansion.
Anyway, I have not yet decided
where best to meet your eyes. At the zenith?
There the hiatus breeds a perfectly blinding hope.
Or in the lowlands, where you are indistinguishable from the fog,
and besides, there the sole of the foot will not be touched
                                                                  by the trope of noiseless gravel.

[G.T.]

За шесть часов до пробуждения
(если не спать)

Lyn Hejinian

Уже не собрать всех пустых бутылок,
игл, наперстков, денег . . .
Не понять, где луч, а где стальная нить,
протянутая поперек дороги, опять-таки, непременно
у остановки наискось, где киоск прокисший, как небо,
как—остальное, то, что касается нёба,
вознося в себе сложную и довольно складчатую
материю несуществования.
Кокон, тьма, а в заикании—молния и изгнание.
Не такова 39-я гексаграмма. Не собрать также,
если не ошибаюсь, ягод;
ни брошенных где попало галстуков.
Не написать оды на восхождение пыли.
Не рассказать на ухо «как бы хотелось». Однако
можно,—да, действительно,—
остается еще вероятность идти,
не разбивая стекол лбом, не разрывая на части
цветную бумагу, билеты на край света,
либо пустую марлю,—треск ее сух, как утренние
циферблаты, пожирающие кузнечиков.
Как упования—тибетские мельницы.
Эти белые жернова ласковы, точнее, сдержанны,
но обезвожены более чем чрезмерно.
                И дуновение ветра не приносит отрады.

Six Hours to Waking If You Don't Sleep

for Lyn Hejinian

(January 1, 2004, 1:03 a.m.)

It's no longer possible to gather up all the empty bottles,
 the needles, thimbles, money . . .
nor understand where the light ray lies, where the steel thread
stretching across the road, though undoubtedly
it's at the bus stop diagonally across the way, where the kiosk sours,
 like the sky.
Like—well, all the rest pertains to the roof of the mouth,
lifting within itself the complex and rather folded-up
 material of nonexistence.
A cocoon, darkness, and in stammering—lightning and exile.
The 39th hexagram is nothing like this. It is also not possible
to gather berries, unless I'm wrong,
nor the tossed-aside neckties from wherever they fell.
Nor to write an ode on the rising of dust.
Not to whisper in an ear, "O, how I would have wanted!"
And yet it's possible—yes, absolutely—the possibility
 of going out still remains,
without smashing the glass with your forehead, without shredding
the colored papers, tickets to the world's edge,
or empty gauze—its crackling is dry, like the morning's
clocks, devouring crickets.
Like the Tibetan windmills of hope.
These white millstones are gentle, or, rather, restrained,
but immeasurably lacking in water.
 The stirring of the wind brings no joy.

[L.H.]

По многим причинам

На 30-м году своей жизни. . .

Из старого стихотворения

На 59-м году с сигаретой во рту,
еще боле плешивый, вновь оказался на пороге двери
лицом к заходящему февральскому солнцу,
за которым собачья звезда на ветру нежно скреблась
в предчувствии ночи
и множество теснилось предметов,
и каждый был дольше, чем глазу ресница,
а также сияло
стесненье имен, в разлученье
которых взор проникнуть не в силах,—
да и не нужно,—вне очертаний маятник вещи,
перешивающий память.

Однако солнце слабело, и его умаление
раздвигало пределы прорех.
Желтые лампы тлели навылет, и птицы с улыбками
падали в стекла. Но звук отставал,
а потом его было не слышно. Хлопок.
И дело даже не в этом, не в повторенье того,
что известно; возможно, в короткой догадке о том,
что пятьдесят девять лет уместились
в несколько строк, на дне которых мерцает
проточная пряжа.
(Жижа прозрачности и прощения; перечисления
достигнешь конца, достигнешь бессмертия,
воск в верху глаза под веком, конъюнктивит,
кипарисы, даты прощания),—

For Many Reasons

En l'an trentiesme de mon aage
(an old poem)

Fifty-ninth year, with a cigarette between lips,
ever more bald, I again found myself on the threshold of a door,
facing the setting February sun,
the dog star in the wind made gentle scratching noises behind it
in expectation of night
as a multitude of objects thronged to,
each of them longer than an eyelash to an eye,
also there glowed
crush of names, their fault
the eye cannot enter, it hasn't the force—and what
would be the point—nothing delineates the thing's pendulum
that sews memory over again.

Yet the sun was weakening, and its wane
rendered rents more rotund.
Yellow lamps smoldered right through, and birds smilingly
dropped into windows. As for sound, it lagged behind,
and then you couldn't hear it at all. Clap.
Still, even that's not the point, not in repeating
what we know already; it might be in the sudden surmise
that fifty-nine years fit
into several lines, over whose floor flickers
the flowing yarn.
(Liquid of clarity, charity; come you will
to the end of number; come
to immortality, wax under the eyelid, conjunctivitis,
cypresses over vales, dates of valediction)—

приумножение строк—сколько теперь?—
не прибавят ни слова
даже к первому слогу, не упоминая о выдохе.
Иней ярче на ощупь. Терять нечего—
разве что снег во рту,—поэтому не о чем говорить.
А потому все как надо. О дальнейшем нет смысла.
По многим причинам. И не спрашивай, пожалуйста,
                                        куда переехал, что взял с собой,

кому пишу письма, каким уловкам отдаю предпочтение . . .

мир настолько просторно сквозит,

что в нем нет ни места, ни смерти.

multiplication of lines—how many now?—
won't add a word
even to the first syllable, if not for the exhale.
Rime looks bright to the touch. There's nothing to lose—
except for snow in the mouth—so nothing to talk about.
That's why all is as it must be. No sense speaking of what follows.
For many reasons. And don't ask, please,
                    where I moved to, what took along,

whom I write letters to, what ruses prefer to rely on . . .

the world is so drafty and spacious

there is neither place in it nor death.

[E.O.]

Счет

Я считал богов, как месяцы, по косточкам рук,
жилам лун, тыльным суставам, я считал камни ногами,
ощущая их под подошвами, также и углем ступней.
Возникает странная задача
просчитать твое присутствие пальцами,
Когда ты в одежде или без нее
                                        или же когда что-то уходит из-под рук,
как облако, которое убивают в прищуре,
когда ничего не приходит взамен. Что остается?

Разъеденная присутствием фотография, ветер стрижей,
сор в глазах? Лишь только счет мелких богов,
                                семенами павших к разрозненным пальцам.

Counting

I counted gods, like months, upon knucklebones,
moon tendons, joint insides, I counted stones with my feet,
sensing them under my shoe, also with the coal of the sole.
A strange problem arises,
                    to number your presence using fingers,
when clothes are over you or not
                    or else when something slips out from under my fingers,
like the cloud they slay by squinting,
when nothing arrives in recompense. What remains then?

A photograph corroded by presence, wind of swifts,
dust specks in the eyes? Merely the motion of counting minor gods
                    that fell like seeds toward disparate fingers.

[E.O.]

Вечер

Приходят мертвые и говорят: «Ты—живой».
Действительно, это не просто так,
не показалось с первого взгляда. Тогда,—
говорят мертвые,—садись напротив.

У мертвых всего много; и бутылок мертвого пива также.
У мертвых много мудрости. Это я тоже знаю.
Они имут по именам тех, кто включает свет
и во многом толк также.
У меня—ничего. Я читаю книгу. Про что?
Зачем ты читаешь книгу? Почему пьешь вино
и не думаешь, как нам, мертвым, жить?
Почему ты жнешь колосья и пожираешь хлеб,
когда мы едим один мак.

Потому что я читаю книгу, когда в книге сумрак
и мрак становятся единственным светом,
в котором память рушится, словно стропила,
если к ним на долгий срок поднести свечу,
потому что противительный союз обладает покуда
силой, а мята наутро в поту и лед тает в руке.
И ты еще знаешь, как трудно. Не сказать, но сказать,
не себе, а дальше.
Это не по зубам мертвым.

An Evening

The dead show up and they say, "You are living."
Yes, really, you're onto something,
your eyes aren't playing tricks on you. So?—
You sit down across from us, say the dead.

The dead have a lot of everything; even dead beer.
The dead have a lot of wisdom. I know this also.
They decline the names of those who turn on the light
                    and in many ways the sense also.
What's going on with me? Nothing. I'm reading a book. What about?
What are you reading a book for? Why are you drinking wine
            and not thinking about how we, the dead, are supposed to live?
Why do you mow down grain and devour bread,
                while we eat only poppy.

Because I'm reading a book, when in the book there is twilight
and night becomes the only illumination
where memory rushes down like rafters
you held up a candle to for a long while
because the adversative conjunction still holds, but
mint sweats in the morning and ice melts in the hand.
Also, friend, you know how difficult. Not to say, but to say,
not to yourself, but farther.
                Here the dead are out of their depth.

[E.O.]

А мне и не убежать никуда. Во-первых,
рассматриваю страницу, на которой это написано.
Во-вторых, разные фотокамеры, серебряные ложки, тени.
Буквы, которые расклеваны между теней, разное . . .
даже и отражение на всякий случай. Я вижу еще—
окно. И у меня болит голова. И она болит сильнее.
«Не убежать никуда» становится
неким оперным пением. А мне и не нужно
никуда убегать. Лучше—чтобы голова «пополам».
И петь, а лучше никого не видеть, типа «прощай»
тогда,—быстрее и легче. А иногда вина
и зеленый лист. Подержать в руках,
а потом зажечь сигарету.

And it's not like I can run off somewhere. First,
I'm poring over the page this is written on.
Second, all sorts of photo cameras, silver spoons, shadows.
Letters that are pecked out among shadows, various . . .
reflections even, just in case. Also I see
a window. And I have a headache. And I have more of a headache.
"Not like I can run off somewhere" becomes
a kind of opera singing. Why should I even need to
run off somewhere. Better my head split "in two."
To sing—better, without seeing anybody—something like "farewell"
then, it's faster and easier that way. And occasionally some wine
and a green leaf. To feel it in my hands,
                                        and then light up a cigarette.

[E.O.]

Не следует особенно доверять поэтам в том,
что, в отличие от людей, птицы бессмертны.
Что, дескать, мы почти не находим их тел
после того, как из воздуха они переходят
в тусклые листья и ниже, к зернистым мгновениям
нефти, слюде, где, отражаясь стократно в ступенях огня,
плазмой стекают в разрывы зеркал,
хотя тут-то и западня для ума . . . их вроде нет вовсе;
поскольку—откуда лучится это отсутствие?
Оно как излучение пылающих ангелов в слепоте.
Как горошина над расщепленным на три стеблем,—
но где они были? Три? Почему они
где-то витают там, где им ставят вино, хлеб, мясо,
успешные книги,—почему их не было «там»?
Я не знаю . . . ангелов, что это . . . которые не . . . которое
превращается в ночь, словно время назад, когда
попадает в зрачок, и ты находишь, что найден ты
мертвым в Москве, один, никого, слякоть в то время,
ни записной книжки, ни телефона; кто звонил тебе
и ты не слышал? там, где мы говорили, но ни единой
нити к черешне . . . Это о птицах.
Которые, если верить поэтам,—бессмертны.
Чему никто не поверит.

to Akseli Kajanto

We shouldn't especially trust poets
that birds are immortal, unlike people.
That we supposedly almost can't find their bodies
after they proceed from the air
into the livid leaves and lower below
                    to grainy moments
of oil, mica, where, reflected
a hundredfold upon stairs of fire, flow down
plasmatically into the mouths of mirrors,
although there's the mind's birdlime . . . they aren't there at all, are they,
inasmuch as—where does this absence ray from?
It's like the radiation of angels aflame in blindness.
Like a pea over a stem cleft in three
but where were they? Three? Why do they flutter
elsewhere, over the wine, bread, meat, bestsellers
offered to them—why weren't they "there"?
I don't know . . . angels, what is that . . . that don't . . . that
transforms into night, like time in reverse, when the
iris is hit, and you find you are found
dead in Moscow, alone, no one around, there was slush there,
no address book, no phone; who was calling you
when you didn't hear? right there, where we spoke, not a single
thread toward the cherry tree . . . I mean that about the birds.
That are, if we're to trust poets, immortal.
But no one will ever believe it.

[E.O.]

2

Из книги «Под подозрением»

2

From *Under Suspicion*

Львиноголовые, бронзовокрылые,
к теням и листьям земли
начинающие нисхождение
из области перистых облаков.
Пересекающие потоки
в спиралях испепеленного золота,
вскипающие в синеве разреженной,—

знамена падений полощутся,
совпадение предрекая сладчайшее.
Холодов прельщение колкое
наступает из-за горизонта
парусами судов безлюдных. Гулкие,
как бы на месте, обнаруженные внезапно
дрожью вещества несметного;
и над ними, в расколотой перспективе—
вновь они, смысл утратившие,
в памяти едва различимые знаки,
утратившие время, замкнувшие
бирюзою пространство.

Кто они тебе—птицы? ангелы? книги?
камни, расколотые грозою?
Зерно за порог сна уходит, как чтение,
затворяя себя в бестенную дрему.
Тайнопись осени
сдвигает медные кожи Египта,
приоткрывая лучников, смолистые лица,
гниющие бинты поездов в долинах,
тихие радуги зверей в полночь.

Lion-headed, bronze-winged,
they begin their descent
from the region of feathered clouds
toward the dusk and foliage of earth.
Foreshadowing the sweetest concurrences,
crossing currents
in coils of ash-burnt gold,

the banners of defeat are fluttering
rising to a boil in a rarefied blue.
As the sails of unpeopled vessels,
the cold's barbed seduction
approaches from beyond the horizon. They
resound, suddenly discovered in place
by the trembling substance of the uncountable;
and above, in the shattered perspective—
there they are again, the signs that have lost their meaning,
barely distinguishable from one another in memory,
that have lost time,
that have enclosed space with turquoise.

Who are they to you—birds? angels? books?
stones splintered by thunder?
A grain departs over the threshold of sleep, like the act of reading,
locking itself in a half-dream of absent walls.
Autumn's furtive script
moves aside the copper skins of Egypt,
revealing archers, resined faces,
the rotting bandages of trains in valleys,
the quiet prisms of animals at midnight.

Словно лемминги, безумием брошены
в утренние догадки ничто, когда ветер
плоско листает сухой том Вергилия
на деревянном полу,—
потрескивающие буквы сгорают,
точно ковыль в пургу.

Это и есть: «Я не помню,
                                        что со мной будет»,
или: «Мятеж был предсказан».
Еще что?
Но снова, зыбкие, появляются
сновидений архипелаги, и ясности воска
                    обречено повиновение тел и окон.
Следы лисьи в падение сотканы
на откосах, лазурью припорошенных.

Галактические реки снега,
в которых они ожидают
пробужденья предчувствий,
опускаясь к неразличимости,
к именам новым;
ниже дуга падения или восхищенья

над темной водою. Курганы,
смятенье теней на экранах.
Сентябрь окончен отлогий.

Небесной Итаки башни
          погружаются в винноцветное море.

Crackling letters ignite and expire
as feather grass in blizzard—
just like lemmings, driven by madness
into the morning investigation of nothing, when the wind
flatly leafs through a dry tome of Virgil
on the wooden floor.

This is precisely: "I don't remember
what will become of me,"
or: "The mutiny was foretold."
What else?
But again, tremulous, the archipelagos
of dreams appear, and the obedience of bodies and windows
is condemned to the clarity of wax.
In falling, fox tracks are woven
into the shoulder of the azure-dusted road.

Galactic rivers of snow
in which they await
the first quickening of premonitions,
as they fall toward indistinctiveness
toward new names;
lower is the arc of falling or of awe

over dark water. Burial mounds,
the disarray of shadows on screens,
September's sloping line expires.

The towers of celestial Ithaca
submerge into a wine-colored sea.

[G.T.]

Неистовство осеняло их лица,
когда на мостах подолгу стояли,
перегнувшись через перила к воде,
сигареты роняя из пальцев завороженно,
стискивая податливое горло стекла,

однако не свое отражение видели:
глядели, как из осколков блистающей тьмы
река возводила город за городом
тщетно и монотонно,
как по слогам, сливаясь в длинное слово:
перешагнувшие прозрачности грань,
старики читают еще по привычке
воздуха впадины, и отовсюду остры
разбитые, древние бритвы—стрекозы,
но невнятность, бесспорно,

во многом их преисполняла невнятность,
сочилась из резкости пропорций и расстояний;
в морозы 94 года 146 в одну ночь
взошло к ледяным полюсам Киммерии.
Еще один способ избавиться от категории места.

Зачем же тогда было им
опять переходить к другому мосту,
жестикулировать, свешиваясь к воде,
как если бы кто-то снизу им отвечал,
а затем усмехаться подолгу.
Они исчезали в нас, подобно окраинам,
стягам,

Fury shadowed their faces
when they stood too long on bridges,
bent over the balustrades toward the water,
bewitched, letting cigarettes drop from their fingers,
squeezing the bottle's yielding neck.

Yet it wasn't their own reflection they saw:
they watched as the river erected city upon city
from shimmering shards of darkness,
with such futility, monotony,
as though flowing, syllable by syllable, into a continuous word:
having stepped over the threshold
of transparency, the old men still read out of habit
the hollows of air, and dragonflies—
broken ancient razors—are sharp from every direction—
but unintelligibility, inarguably

in many things they were filled with unintelligibility,
it exuded from the focus of proportions and distances;
in the freeze of '94, in a single night, 146 rose up
to the icy poles of Cimmeria.
Yet another means to dispose of the category of place.

Why then did they have to cross
over to another bridge,
to gesticulate as they bent toward the water
as though someone were answering them from below,
and then to stand there grinning.
They would disappear in us, like outskirts,
banners,

отрогам библиотек,
когда те встречаются с пламенем,
или послам секретных держав,
не державшие в мыслях
ничего, кроме диковинных слов,
так в горле порой пузырей серебряных гроздь,
раскаленная, светлая,
и даже не знать, куда бросить пальто,
сменив приветствие на недоуменное пожатие плеч:

горсть зимних семян, чернеющие берега,
строкою вне продолжения.

Но мы продолжали вести мелкие войны
с деньгами, философией,
похмельем и телефонами,
хотя знали прекрасно, чего от этих мест ожидать.

Согласование времен очевидно
и теперь несущественно, поскольку лишь
холод отсчитывает с глаз по зерну.

По пояс в тумане, когда крики чаек
фосфорецирующими шарами
освещают пути отступлению,—

это прилив, вскипающий иней,
всматривание в окно, бесповоротно-бесцельное;
не касаясь предрассветных весов,
ржавой жести исступленных сравнений;

the slopes of libraries
when they encounter flame,
or the ambassadors of secret nations,
who think of nothing, except for exotic words,
that's how it's been lately, a silver cluster of bubbles
in the throat,
white-hot, radiant,
and not even to know where to throw one's coat,
replacing gestures of greeting with the bewildered shrug of the shoulders:

a heap of winter seeds, blackening shores,
                                        as a line extending into non-continuity.

But we continued to wage shallow wars
against money, philosophy,
                    the hangover, and telephones,
though we know full well what to expect in return.

The agreement of tenses is evident
and now immaterial, because only
the cold subtracts, grain by grain, from the retina.

And waist-deep in fog, when the cries of seagulls
illuminate the pathways of retreat
                                        with phosphorescent spheres—

this is the rising tide, the boiling of hoarfrost,
the act of looking through a window, steadfastly aimless;
not touching the predawn scales,
the rusted gesture's frenzied equations;

оставались в себе вычислений невнятных остатком.
Лунной армией, безмолвно бредущей
по заснеженным пустошам:
бритье холодной водой,
ломкий вереск, но по склонам залива
все еще движет свинец
изнурительный блеск в черном стекле Караваджо,
перетекающий в очертания незримого.
Музыкальные инструменты,
рассохшиеся звонко плоды,

шествие барж
шелестяще, как ос падение в стропилах
или страниц приближенных
истолченная ртутная моль

в прорехах оттисков,

словно молвы—безмолвие.

they remained in themselves as the remainders
of indecipherable calculations.
As a lunar army, wandering wordlessly
over snow-covered wastelands;
shaving with cold water,
brittle heather, but on the inclines of the bay
the lead still moves
the exhausting glint in Caravaggio's black glass,
flowing into the contours of sightlessness.
Musical instruments,
noisy desiccated gourds,

the procession of barges
rustling like the plummet of wasps in the rafters
or the powdered mercurial moth
in the holes within imprints

on proximate pages

like the soundlessness of sound.

[G.T.]

Бумажные сны

Jerome Rothenberg

Черной бумаге снится
ее же неслышный шелест,
ее отражение в белом.
Зной наблюдает зной дремотно
сквозь стекло страсти.

Метаморфозы влаги.
До мозга кости,
пронося отражения,
высыхают зеркала капель.

Черной бумаге снится
черное: сон ограничен
природой не-цвета.
Сквозь мембрану—
средоточия повторений,
сквозь тело—игла летает,
лишенная нити, тления.
Тень—на кирпичных стенах.
Гематрия таянья,
исключений.

Букве снится тот же
бумаги шелест,
в котором слух различает
очертанья поэта,
которому снятся хасиды,

Paper Dreams

for Jerome Rothenberg

Black paper dreams of its own
inaudible rustle;
its own reflection in white.
Heat drowsily gazes at heat
through the panes of passion.

Metamorphoses of water.
Carrying reflections
down to the bone's marrow,
the mirrors of droplets dry up.

Black paper dreams
of black: its dream constrained
by the nature of non-color.
Through the membrane—
the single-mindedness of repetition,
through the body—the needle flies,
bereft of thread, of decay.
Shadow falls upon brick walls.
The gematria of melting,
of exclusions.

The letter dreams of the same
paper's rustling,
in which hearing distinguishes
the contours of a poet,
who dreams of Hasidim

на камнях океана
догорающие страницей пения,
сводящего гласные к жесту.
Сну снится сон о согласных,—
странице,
где черное принимает
пределы надреза,
границы буквы, слюды, света.
Я люблю ртом прикасаться
к татуировке твоего предплечья,
(календарный вихрь ацтеков),
чтобы слово открылось слову.

Чтобы купить вина,
опять не хватает денег,
изображений песка и ветра.

Каждый сон, открывая
видений соты,
вовлекает в движение нити:
пальцы, скользящие вниз,
(Guétat-Liviani, Frédérique)
прядут паутину,—
        нежность насилия—
воздушную ткань узнавания
в пристальности и указании.
Каким бы тишайшим ни был
                твой голос.
Какой бы неуверенной казнью
ни полнил он совпадения.

burning out as a page of song
on the stones of the ocean,
reducing vowels to gesture.
The dream dreams a dream of consonants,
the page—
where black assumes
the limits of incision—
dreams of the borders of the letter, mica, light.
I love to touch with my lips
the tattoo at the stem of your shoulder,
(the calendrical whirl of the Aztecs),
so that word may open to word.

Again there isn't enough money,
images of sand and wind,
to buy wine.

Each dream, exposing
the honeycombs of visions,
engages thread into motion:
fingers slipping downward
(Guétat-Liviani, Frédérique)
spin a cobweb
        —the tenderness of violence—
the ethereal fabric of recognition
in intensity and indication.
However quiet
        your voice may be.
However much it fills coincidences
with hesitant executions.

Пальцам скважины пения
снятся, источаемые камнями,
которые видят во снах
соли лазурные солнца,
лезвия свист, воды ветвь,
которые видят во снах
кожу, небесные кости, зубы,
татуировку невнятной речи
на знаменах дыхания—
таковы

прикосновения языка к языку,
а также слюны к нему;
таковы разведенные руки и ноги
мужчины и женщины—
золотое сечение на обложке книги,—
которым снятся страницы,
по которым шествует ночь,
и она речи снится,
как тяжелого света горло
и бесконечная лента знака,
опоясывающая собою
сводящих медленно руки,
будто что-то еще
нащупывают пальцы в излуке.
Пустыня,
заключенная в прикосновении.

Все перечисленное
во снах вино созерцает,

The fingers dream of the keyholes
of song, exuded by stones,
that see in their dreams
the azure salts of the sun,
the blade's whistle, water's branch,
that see in their dreams
skin, celestial bodies, teeth,
the tattoo of indistinct speech
on the standards of breathing—
such are

the touch of tongue to tongue,
of saliva to tongue;
such are the outspread arms and legs
of a man and a woman—
the golden mean on the book's cover—
who dream of pages
over which the night saunters,
and the night is dreamt by speech,
like the throat of heavy light
and the sign's endless ribbon
that engirds those who are
slowly bringing their hands together
as if the fingers grope
for something else in the bend.
A desert,
imprisoned in touch.

Wine sees in its dreams
all the forementioned things,

переходящее в уменьшение
по ступеням развеществления,
(неторопливое повествование),

и я, разглядывающий его,
живущее в стеклянных пределах,
как нити
сращения в прикосновении,
из пальцев падающие
к куклам побега
в садах полуденных пыток.
Знак—тьмы тишайшая бритва.
У вина нет ни «право»,
ни «лево». У смерти
нет имени, она—только список,
всплеск обоюдозрячего зеркала,
в котором знак равенства стерт

до различения
между мужчиной и женщиной.

that cross into diminution
along the steps of un-thinging,
(an unhurried narration),

and I, examining the wine
that lives in glassy limits,
like the threads
of fusion and touch,
falling from the fingers
toward the puppets of flight
in the gardens of noontime tortures.
The sign—is the quietest razor of darkness.
Wine has no "right"
no "left." Death
has no name—it is only a list,
the spilling over of the two-way mirror,
where the equal sign is rubbed away

to the differentiation
between man and woman.

[G.T.]

Им ничего не снилось. Из этого состоял сон. Весь. Не исключая противительных союзов. Шум деревьев как прибавление (не избавление). В углу глаза искривленное отражение: анатомическая подробность, я бы сказал, диалога.

Изменение возможного в перспективе сравнения. Куда никто не заглядывал. Как за скорлупу «сейчас». Ничего здесь не трогай.

В ореоле песка стекловидное перемещение личинки.

Ограниченные тонкой линией повествования. Как если бы в отдалении мелькающие машины по мосту—проходя сквозь маслянистую мембрану (возможно перевести как «пленку») умножающего внимания,—этимология. Многое ушло бесповоротно. Разве не так? Разговорный язык.

Разве не так? Сказали «не трогай»—не трогай. Не понуждающая речь. Подобно знанию о снах, которое концентрическими кругами отсутствия образов:—как происходит то или другое исключение из ряда?

Разве не так? Нашествие птиц: каждая переходит из «прямой» описания в кристаллы метафоры. Разве не так? Прозрачность ничего не таит. Разве не так? Я знаю, что: «помню, что снилось ей». «Позднее» требует слов. Будто лед. Словно «разве не так?» Склонение над водной поверхностью. Как будто не так. Равенство исчерпывается в сходстве.

Прибой, маятник—вчерашний день. Факт не вещь. Лестница не спасение. Влага—не избавление от жажды. Разве не так? Моя жизнь (разве не так?) не является мною. Три открытки. Снизу подпись: «ничего здесь не трогай». Между ними пробелы, будто

They dreamt of nothing. That is what their sleep consisted of. All of it. Not excluding adversative conjunctions. The sound of the trees as an extension (not an exclusion). Out of the corner of an eye, a distorted reflection: the anatomical detail of, I would say, dialogue.

A change in the realm of the possible from the perspective of comparison. Where no one had looked. Like beyond the shell of "now." Don't touch anything here.

The glassy motions of a larva in the sand's halos.

Limited by the thin border of narrative. Like cars flickering in the distance as they go over a bridge—passing through the oily membrane (which can be translated as "film") of multiplying attention—etymology. Many things happened irrevocably. Isn't it so? Everyday speech.

Isn't it so? You were told not to touch: don't touch. Noncoercive speech. Like an understanding of dreams that spread in concentric circles of imagelessness: what causes this or that exclusion from the series?

Isn't it so? A horde of birds: each one moves from linearity of description into crystal of metaphor. Isn't it so? Transparency hides nothing. Isn't it so? I know that "I remember what she dreamt." "Later" demands words. As though it is ice. As though "isn't it so?" An accumulation above the surface of the water. As though it is not so. Equivalency is used up in resemblance.

The breaking waves, the pendulum—yesterday. A fact is not a thing. A ladder, no salvation. Moisture does not satisfy thirst. Isn't it so? My life (isn't it so?) is not me. Three postcards. A message at the

рот изучал формы отсутствия. Ты украла у меня все, даже зубную щетку, сука. Можно ли тень назвать мозгом? О, время! О, власть луны! О, скрепки скоросшивателя! О, власть типографской краски! Фотографий «сейчас» можно сделать сколько угодно.

Известь, мел, мрамор и уксус. Однако и это теперь не относится к мифологии века. О любовь моя, помнишь ли ты, как замертво падали птицы к чьим-то ногам, а у нас не было денег даже на пиво.

bottom: "Don't touch anything here." The spaces between them, as if a mouth studied the forms of absence. You took everything, even my toothbrush, you bitch. Can a shade be called a brain? Oh, time! Oh, the tyranny of the moon! Oh, the rings of a loose-leaf binder! Oh, the tyranny of printer's ink! Any number of photographs can be taken of "now."

Lime, chalk, marble, and vinegar. However, this too no longer relates to the era's mythology. Oh my love, do you remember how the birds were falling dead at somebody's feet while we didn't even have any beer money.

[B.S.]

в подражание кому-то

Зимняя империя дерева . . .—вот что
меня изумило в то утро.
Приподнявшись на локте, глядя в окно,
пьяный после вчерашнего,
я произнес, ногтем скребя по щетине,
не обращаясь ни к ангелам жирным,
повисшим неоправданно низко,
ни к себе самому, ни к редеющим теням
(многих из них теперь никому не узнать,
стали абсолютно чисты, словно веки
глядящего вспять алфавита)—

«что бы ни вымолвил рот,—голос стал ближе,—
что бы рука ни извлекала в сущей дремоте
из исчезновения пределов,
ничто никогда не сравнится с его
растущим во все вселенные временем,

в котором оно ветвями течет, подобно книге песка,
и бесконечно встречает себя,
испепеляя стократно в арктическом солнце,

в черном шелесте чтения, в бездонном меду
повторения одного и того же—того

что противоречит уму, отречению и тому,
и чего коснемся позднее».

The tree's wintry empire—that's what
bewildered me on that morning.
Raised up on my elbow, gazing out the window,
drunk from the previous evening,
I spoke, scraping my stubble with my fingernail,
addressing neither the fat angels
hanging unconscionably low,
nor myself, nor the receding shades
(many, with nobody left to recognize them,
had become totally pure like the eyelids
of an alphabet looking backwards)—

"No matter what the mouth may pronounce," the voice neared,
"No matter what the half-sleeping hand may extract
from the disappearance of borders,
nothing will ever compare to its time
which grows into all universes, where

the tree flows on with its branches, like the book of sand,
endlessly running into itself,
incinerating one hundred times under the Artic sun,

in the black rustling of reading, in the bottomless honey
of repeating the same thing over and over, the thing

that defies reason, renunciation, and that
which we'll touch upon later."

После, сделав два шага к окну—
(кофе выгорал на плите)
«Бессмысленность!—произнес,—она побуждает
забыть о тайном свидании ресниц
с маковой пылью, текущей по берегу ночи,
о подорожнике, жарких колодцах.
Это ее восхищение разит по утрам пробужденьем,
она ночами бессонна, как аллегория,—
в изножии ткет из чего попадя то, что уже было,
т. е.—чего никогда не случится,
обучая глине терпения с детства,
а также войне уменьшений в ожогах».

. . . .

Оставляя поутру за порогом
все то же корявое дерево,
смутную мысль о вине и каком-то зерне,
раздирающем покровы раздора и зрения.

Afterward, having taken two steps toward the window
(the coffee burned on the stove):
"Meaninglessness!" it was pronounced. "It impels one
                                        to forget about the secret tryst between eyelashes
and the poppy seed dust flowing down along the night's shore,
                                        and about the ribwort, the hot wells.
Mornings, the fascination of meaninglessness reeks of awakening,
at night, it is as sleepless as allegory,
it sits at the foot of the bed stitching, out of whatever's at hand,
                                        what already was, which is to say, what never will be,
teaching, from childhood on, the clay of patience,
                                        and also the warfare of diminishing burn wounds.

. . . .

In the morning, leaving the same gnarled tree
on the other side of the doorstep,
the same vague thoughts of wine and some seed
            that rends the garments of discord and vision.

[B.S.]

Отражения в золотом глазу

1

Трижды тьма изучает каждую вещь,
привыкая к волнам, в ней заключенным,
к воспоминанию о них,
к кислотам кристаллов и образов,
чьи артерии истлевают бездымно;
даже к мысли о ней, когда движется
между рождением и сходством,
скитаясь в прорехах призрачной тьмы,—
орех, погружаемый в известь, градации серого,
складок и смыслов слюдяной иероглиф.
Число неутешно; необходимо успеть
сказать обо всем; а далее говор
вступает в сговор с молвою,
где война тавтологии
в скважинах связей безмятежно цветет.

Несомненно—привычна их явь. Причем
это давно всем известно, но прежде—
то, что сравнения (в определенный момент)
исчезают в череде продолжения,
скорее, поглощения друг друга
в воображаемой смутной строке,
где себя разворачивает та же история
о прояснении памяти и присвоении мглы:

Reflections in a Golden Eye

1

Thrice the darkness studies each thing,
growing used to the waves contained within it,
to the reminiscence of them,
to the acids of crystals and images
whose arteries smolder without smoke;
growing used even to the thought of it, when it moves
between birth and resemblance,
wandering in the rents in spectral darkness,
a kernel, submerged into lime, gradations of gray,
the mica hieroglyphs of folds and significations.
Number is inconsolable; it is essential
to speak of everything in time; and then
speech conspires with rumor
where, in the keyholes of correspondence,
the war of tautology carelessly blossoms.

No doubt, their actuality is familiar. Besides,
it is common knowledge, but first—
that the comparisons (at a certain moment)
vanish in the sequence of duration,
or rather of the devouring of one another
in the imagery of the murky line,
where the same story of the clarification of memory
and the appropriation of darkness unfolds itself:

любой, даже ничтожнейший слепок
служить должен был доказательством
неоспоримого «есть»
(грамматика займется дальнейшим),
на месте которого в чтении возникало иное,
а о нем существовали догадки, будто оно
лишь только часть ускользнувшего целого,
дробь единственной фразы о дрожи струны
перехода черного в белое, о хвое каналов,
мостах, разнесенных по обе стороны тьмы,
но также о прикосновениях рассеянных,
(как если б слепые приникли к пению раковин,
пронося их, к уху прижав, а хор насекомых
                    ткал бы полог покоя над ними),
или, к примеру, кто-то задумал прощаться,
но все позабыл, кроме «европа, крапива»,
хотя все случилось задолго до появления фразы,
из которой едва ли теперь возможно узнать,
что каждый поступок был предназначен,
не только тебе, но и тому, кто впоследствии
            признает его безусловно никчемным.

any, even the smallest plaster cast
had to serve as proof
        of the indisputable "is"
(grammar will take care of the rest)
at whose place in the reading something other arose,
and there were conjectures about it, as if it were
only a part of a vanished whole,
the fraction of a single phrase against a string's quivering,
of the passage of black into white, of the conifers of canals,
bridges flung to either side of the darkness,
but also against the scattered caresses
(as if the blind cleaved to the singing of seashells,
holding them close to the ear, while a chorus of insects
        would have woven a canopy of stillness over them)
or, for example, someone thought of bidding farewell,
but forgot everything except for "Europe" and "stinging nettles,"
although everything occurred long before the appearance of the phrase
from which it is now barely possible to recognize
that every action was preordained,
not only for you, but for the one who in the aftermath
    will accept it as unconditionally worthless.

2 |

Но тогда, кто из них — ты / она —
распыленный остаток ртутной патины,
осадок желания видеть с изнанки?
Где каждое действие — шов воскресения,
силок совлечения соли в маятник силы.

Но даже разноречивая ветвь в бездонном окне
являла степень постоянства стены,
отделяющей взгляд от себя и от тверди,
тех от других, а других — ото всех взятых вместе,
как и от кокона вещи, когда разъем удвоения
метил нежностью скрепы в усечении затвора,
разводя в разные стороны: ближе не стать
в изгибе луча, косо парящего вспять
сквозь глазницы вскипевшего золота,
отраженного тьмою, излучающей вещи.
В остатке — пленка эмульсии, Обводный канал,
пух, сожженный детьми, стеклянное лето.

Они всегда говорят на других языках.
Перевод — приручение, переход
в состояние адреса с переменной маршрута —
так вот этот стол? кладка в трех трещинах?

Предположим, у каждого была бы коробка,
в которой находилось бы что-то,
что мы называем «жуком» . . . Здесь бы, конечно,

2 |

But then which of them—you / she,
the scattered remains of a mercury patina—
is the sediment of the desire to see from the inside out?
where every action is the seam of resurrection,
the snared seduction of salt into the metronome of force,

but even the multidictory branch in the window's abyss
revealed the scale of the wall's permanence,
separating the gaze from itself and from the firmament,
those from others, and the others—from everyone taken together,
also things from the chrysalis, when the connector of doubling
marked with tenderness the brackets of shutter reduction,
leading in different directions: you can't draw closer
in the curvature of a ray crookedly receding
through the eye sockets of simmering gold,
reflected by the darkness that irradiates things.
The remainder—emulsion film, Obvodny Canal,
down singed by children, glassy summer.

They always speak in different tongues.
Translation—is a taming, transition
into possession of address, the itinerary a variable—
so this is the table? masonry? three fissures?

Let us suppose that everyone has a box
in which there would be something
that we call a "beetle" . . . Here, of course,

говорилось бы о «сокращении» вещи,
но сегодня мы еще меньше знаем друг друга,
удобней сказаться больным, не отвечать на звонки,
прибегать к односложным ответам
и, опускаясь в постель, тепло изучать,
длящее контуры тела.

Но когда возникала нужда в приведении примера,
желание знать настигала эфирная слабость,
очарование которой пленяло внимание,
отвлекая от приуготовления стай к перелетам на юг,
от листвы, которую октябрьский холод
отомкнул на излете в отблесках блеклых признаний:
однажды он произнес, что «его сердце разбито
наблюдением птицы в паутинных глубинах»;
напомним, отражения мало кого занимали,
увидеть—означает и ныне стать тем, что увидел.
Кем только ни были . . . созерцание времени
обращало в тончайший песок,
текущий сквозь женские пальцы,
которым также случалось нам быть,
как и многим другим: тлением, дерном,
формулой бега, в чем тоже крылась причина того,
что не могли поделить с мертвецами
принадлежавшего поровну всем.
Достоверность. Но были ими,
а они превращались в соты сетчатки,
в слоистые описания зрения,
в какой-то невнятный почерк песчаника,
слишком поспешный, чтобы за ним уследить,—

we would be speaking of the "contraction" of the thing,
but today we know one another even less,
it is more convenient to pretend you are sick, not to answer the phone,
to answer monosyllabically
and, lowering yourself into bed, to scrutinize heat,
the body's lengthening contours.

But when the need arose to offer an example,
an ethereal frailty, whose charm enthralled us,
caught up with the desire to know,
distracting the flocks from their preparation for migrating southward,
from the foliage which the October chill
unlocked at touchdown in the reflection of wan confessions:
once he said that "his heart is broken
observing the bird in gossamer depths";
we will remind you: reflections were of little interest to anyone,
to see—even now—means to become what you saw.
Who didn't we become . . . contemplation of time
turned into the most delicate sand
running through a woman's fingers,
which we also had the occasion of being,
as well as other things: decay, sod,
the formula of running, in which there also hid the cause
of what could not be shared with the dead,
belonging as it did to everyone in equal measure.
Authenticity. But we had also been them,
and they transformed into the retina's honeycomb,
into layered descriptions of vision,
into sandstone's unintelligible script,
too hurried to follow—

в мрачную оптику глин, мраморных масок тумана,
присутствие чье из ничто извлекал подспудный песок,
омывавший их рты, как начертания буквы:
(мы не уверены, к чему относится «их»)
трижды птенец, освобожденный из кремния,
в определении «рода» спеленутый косвенной тьмой.

К чему также со временем можно привыкнуть
в расположении между блеском и дном.

into the gloomy optics of clay, the fog's marble masks,
whose presence the furtive sand drew out of nothing,
washing their mouths like the outlines of a letter:
(but we are not certain what "their" refers to)
thrice the fledgling, released from the flint,
in the definition of "genus" swaddled by oblique darkness.

To which one can also get used to with time
in the location between the glimmering and what lies below.

3 |

Разве это было нам неизвестно?
Да, многие знали. А остальные?

Начать с остального.
Смерть изменяет в итоге
состояние вещей в нужную сторону.
Увеличение строки не предусматривает
укрупнения дыхания. Описание
стремится замкнуть описание в себе.

Возможность—есть то,
что «есть» превращает в возвращение в есть,
когда одни разделяют конкретное мнение,
а другие выражают свое несогласие.

В этом случае мы находимся
(можно подумать, будто кто-то нас ищет!)
в месте, где повис час летнего утра. Лучше—
на улице, когда моросит, когда низкий ветер
полощет палой листвой. Все сошлось
и не нуждается в лишних свидетельствах.
Потому что, возможно, наступает зима
записей зимних в зимних тетрадях.
Возможно просто возможность не прекращать
то, что предусматривает свое прекращение.

Иногда даже тень, вознесенная тенью,—

Иногда замкнутость означает: прерывность.

3 |

Was this really not unknown to us?
Yes, many knew. But the others?

To begin with the rest.
In the end, death transforms the conditions of things
                    in the necessary direction.
The elongation of the line does not foresee
the enlargement of breathing. Description
                    attempts to lock description in itself.

Possibility—is that
which "is" transforms into the return to *is*,
when some share the same concrete opinion,
                    and others express their discord.

In this case we are found
(as if someone were actually looking for us!)
in the place where the hour of summer morning is unfolded.
Better yet, outside, when a fine rain is falling, when a low wind
rustles with fallen leaves. Everything came together
and requires no further testimony.
Because, possibly, winter approaches,
of winter thoughts in winter notebooks.
Possibly, simply the possibility not to cease
that which foresees its own cessation.

Sometimes even shadow lifted by shadow—

Sometimes containment signifies disruption.

4 |

А переводные картинки в медленном списке?—
«неужели искусство погибнет»,
или, скажем: «это пальто слишком тесно»,
либо: «потом все они вернулись в Россию».

Скорее, кем-то действительно была проявлена слабость,
поскольку только замены, сползание историй,
синтаксис чередования сил, черепки на полу,
сгнившие ирисы, крысы.

Описание стремится собой замкнуть описание:
поэтому «реальность реальна».
Вот, что в итоге не изменяет привычке—«возможность».
Но возможность лишь то, что «есть» прибавляет
превращению вести из «будет».
В этом случае мы находим себя
в месте, где настежь летнее утро, на улице,
когда моросит, когда ветер несет изморось йода,
когда морская звезда растет в растре колодца.
Мы находимся тут, как и все остальное—
полюса неподвижности,
словарь, оползающий в сырость единой истории.
Издали под фотографией подпись:
«соломенный плащ обезьяны»,
поскольку возможно не прекращать
то, что предусматривает свое прекращение.
Иногда даже тень, оперенная тенью.
Замкнутость в миг обозначения разрыва.

4 |

And decals in a listless list?—
"Can it really be that art will perish?"
or, say, "this coat is too narrow,"
or, "later they all returned to Russia."

More likely, someone really did show weakness,
because there is only substitution, the slippage of histories,
syntax of the alternation of forces, little shards on the floor,
rotting irises, rats.

Description attempts to contain description within itself:
which is why "reality is real."
This is what consequently doesn't alter habits: "possibility."
But possibility is only that which adds "is"
to the message transforming from "will be."
In this case we find ourselves
in a place where summer morning is flung open, outside,
when a fine rain is falling, when the wind carries an iodine drizzle,
when a starfish grows in the roster of a well.
Like everything else we are located here—
poles of inertia,
a dictionary slipping into the dampness of a single history.
From a distance, beneath the photograph a caption:
"The monkey's straw raincoat,"
because it is possible not to cease
that, which foresees its own cessation.
Sometimes even shadow feather-adorned by shadow.
Containment at the moment of the signification of rupture.

5 |

Слегка размытые, если смотреть издали,
распределенные по фазам смещения,
подобно неопределенной форме глагола «идти»,
движение, улица, среди таких же, клетки.

Со стороны залива листву мел мелеющий ветер:
«Я вот о чем . . . я о рыбах,—сказал,—
Хотя хотелось совсем о другом».
И на перекрестке добавил, хлопая по карманам—
«Ни сигарет, ни спичек».
Закрывая глаза, открываешь другое.
Мы помним его улыбку.
Она относилась скорей к его собственным мыслям,
но уж вовсе не к факту отсутствия,
утративших в оптике значение предметов.

Книги, которые ставим на полки.

Слово,
убывающее пропорционально числу повторений.

Свет, оказывается лишь только шумом,
разрушающим геометрию точки. В ответ:

«Скоро зима. Вероятно, что-то изменится».
Но оба доподлинно знали,
что всё это одни разговоры: про рыб в зимних пределах,

5 |

Slightly blurred, if you look from a distance,
arranged according to phases of displacement,
resembling the indefinite form of the verb "to go,"
movement, street, among those just like us, cells.

From the direction of the gulf, foliage was swept by a shallowing wind—
"I'm talking about . . . about fish," he said,
"Though I wanted to talk about something entirely different."
And at the intersection he added, slapping his pockets—
"No cigarettes, no matches."
When you close your eyes, something else opens.
We remember his smile.
It more likely referred to his own thoughts,
but certainly not to the fact of absence,
the objects that lost their meaning in optical lenses.

Books that we put on the shelf.

A word
that diminishes proportionally to the number of its repetition.

Light turns out to be only noise,
destroying the geometry of a point.

"Winter is coming," I said in answer,
"Possibly something will change."
But we both knew for certain
that is all only talk: about fish in winter's limits,

почтовые адреса, поскольку все, что могло изменяться,
уже незримо вторглось в истоки,
став в одночасье острием превращений
облаков в бирюзе полуночной неба,
тысячекратных ветвей,
распластанных в арктической линзе,
в которой порой взгляд нас может увидеть,

идущих среди таких же, многих из многих,
ведущих рассеянно счет обратным вещам,
отворенным пространству под веками,
и, неизвестно зачем,—секундам, которых
тридцать шесть миллионов,
семьсот двадцать тысяч
оставалось той осенью до свершения «века»,

когда,—если смотреть, но все-таки издали,—
превращались мы исподволь, медленно в подписи
        к фотографиям несметного.

postal addresses—because everything that could have changed
has already covertly invaded the wellsprings,
having suddenly become the spearhead of the transformations
of clouds in the midnight blue of the sky,
of thousand-fold branches
spread out in the arctic lens,
where lately the eye can see us,

walking among those just like us, many of many,
keeping a scattered count of inverted things,
unlocked to the space beneath the eyelids,
and—for whatever reason—to seconds, of which
thirty-six million,
seven hundred and twenty thousand
remained that autumn until the end of "the century,"

when—if you look, but still from a distance—
we transformed stealthily and slowly into captions
    to the photographs of the uncountable.

[G.T.]

Все приходило в упадок.
Даже разговоры о том, что все приходит в упадок.
Пространство двоилось, гнили заборы,
консервные банки гудели от ветра;
меланхолия фарфоровых изоляторов,
морозные сколы; миграции мела;
за городом также порой грудь теснило дыхание,
или искра пробегала между висками.
Иногда казалось, это над полем всего-навсего птица.
Однако, как быстро в именах таяло тело!
Перспектива должна была измениться.
И она изменялась.

Переплывали глазницу светила.
Как мимолетно мы ускользали из чтения.
О великое передвижение времени в деньгах!
Впрочем, и в ней, разомкнувшей одеяние перьев,
уменьшенное до ничто, билось по-прежнему то,
что можно было узнать.

Одни говорили, что это здание
(как и все аллегории) аляповато не в меру,
тогда как другие—о тирании отца и о стеле,
вознесшей надпись различия . . .
как речь идиота длится на ощупь другое лицо.
Иные, в себя уходя, затихая,
принимались страстно шептать
что-то о фильмах, о которых уже
никому из пришедших было не вспомнить.

Everything was in decline.
Even the talk about everything being in decline.
Space was doubling, fences were rotting,
tin cans hummed in the wind;
the melancholy of porcelain insulators,
frozen splinters; the migrations of chalk;
also at times beyond the city breathing would tighten the chest
or a spark fly between the temples.
Sometimes it seemed it was just a bird over the field.
But how quickly the body was melting in names!
The perspective should have changed.
And it changed.

Lights swam across the eye socket.
How fleetingly we escaped reading.
O the great migration of time in money!
Still, even in the socket, which had unfastened clothes of feathers,
reduced to nothing, there beat as before
something recognizable.

Some said that that building
(like all allegories) was exceptionally crude,
at the same time, others spoke about the tyranny of the father and
about the stele,
which had lifted up the inscription of difference . . .
like the speech of an idiot the other face, when felt, goes on and on.
Still others, escaping into themselves, growing quiet,
began to whisper passionately
something about films that by that time none
of those who came could have remembered.

Речь о первой войне постмодернизма,
о том, что Водолей несомненно утишит сердца,
но в безмерном пределе намерений
сужалось пространство,
чтобы скользнуть мимо сердца.
Ужас? Нет. Бесспорно, это было другое.

О чем воображение ткало свои сновидения,
и распускало по петлям к утру,
и все же можно было в них угадать
черты прежних времен, рассказы о людях,
чьи в прошлом терялись следы.

Но что со всем этим было поделать? Фотографии?
Аудиозаписи? Бормотанье экранов?
Айсберги библиотек в сталактитовых сумерках вод?
Рев водостоков в эру ливневых весен?
Зрачок гераклитовый кофе?—сны,
чьи берега с годами теряли упругость
                    и осыпались известью стен,
          когда к рассвету руки цеплялись за них . . .

Присвоить?
Выбраться? Стать существительным? И не утратить?
                    Или листвой раствориться?
Эти слова еще оставались
как бы не вырваны с корнем,—
создающие ритм возрастания в фразу,
независимо от того, откуда приходят, либо
где исчезают, никогда не принадлежавшие нам.

The talk was of the first war of postmodernism,
about the fact that Aquarius will undoubtedly console our hearts,
but in the immense boundary of intentions
space was shrinking,
to slip past the heart.
Horror? No. Indisputably, it was something else.

About which the imagination wove its dreams
and unstitched them toward morning,
and all the same in them one could guess at
the features of earlier times, stories about people
whose traces were becoming lost in the past.

But what could be done with all this? Photos?
Sound recordings? A muttering of screens?
Icebergs of libraries in a stalactitic dusk of waters?
The roar of gutters in the era of downpour springs?
A Heraclitian pupil of coffee?—dreams,
whose banks have been losing their springiness over the years
                        and have been showered with whitewash,
                when at the edge of dawn hands clutched at them . . .

Appropriate?
Avoid it? Become a noun? And not lose it?
                Or, better, exfoliate like leaves?
These words still remained
as though they'd not been pulled out by the root—
setting the rhythm that rises into a phrase
independent of where they come from or
where they vanish, having never belonged to us.

Даже головокружение можно было порой испытать.
Поклонники тройного прыжка,
орнитологии, дачных сезонов,
ценители искусства позднего коммунизма,
земляники, философии, домашнего пения,
неспособные ровным счетом понять ничего
ни в словах, ни в звучании, ни в камнях и погоде—
кроты фосфорецирующие озарений
(тела, между тем, до совершенства
обтачивались беспечным повтореньем ночей
как, впрочем, и смертью других)—превращались,
не желая того замечать, во что-то иное.
Любопытно, во что? В уголь? Пыль?
Оттиски? Признания? Глину?
В эхо, блуждающее по линиям связи?
Луна между тем не становилась ничем
даже в пору цветения по фазам. «Это—доверие».

Вероятно, подобно тому, как созерцание отсветов
на свет производит в нужное время число,
так созерцание времени превратило их в отражения,
блики, наконец, океан,
не ухватить который рассудку.

Это также было чем-то наподобие «выбраться»
или «настать», или «истаять»
(к примеру: «я хочу растаять в тебе» . . .
Сколько раз было сказано это?—не мерено).

One could even feel dizzy at times.
Worshippers of the triple jump,
of ornithology, of the dacha seasons,
connoisseurs of the art of late communism,
of wild strawberries, of philosophy, of home singing,
incapable of understanding anything impartially
either in words, or sounds, or stones and weather—
                    phosphorescing moles of illuminations
(their bodies, meanwhile, were being worn to perfection
by the careless repetition of nights,
and actually also by the death of others)—they were transforming,
while not wanting to notice it, into something else.
One wonders into what? Into coal? Dust?
Offprints? Admissions? Clay?
Into an echo wandering along lines of communication?
The moon, meanwhile, has not become anything
even at flowering time. "That is trust."

Probably, just as contemplation of reflections
brings number into the light at the right time,
so contemplation of time turns them into reverberations,
specks of light, finally, an ocean
                              that reason cannot grasp.

It was also in some way like "to escape"
                              or "to begin" or "to melt away"
(for example: "I want to melt in you" . . .
How many times has it been said?—immeasurable).

Будто лед под коньками,
время сползало в остывающий свиток.
Вместе с тем, если помнишь, была пора года другой.

Полночь полдня. Безлюдная остановка автобуса.
Желтые стены, на окраине чернильная тень
(тогда это было окраиной, теперь эти места не узнать),
будто ослепшая от невозможности быть только собою,
подобно луне или мусорным бурям,
которых становилось все больше.

В ту осень мы часто умолкали на полуслове.
Призрачная вереница вещей, из них
не удалось вещью стать ни одной,
лишь впадиной смысла, который
никогда не придется распутать во влаге дыхания.
Было слышно, как за окном
немо буйствует ясень в теснине разрыва небесной.
Разрушение тронуло все.
Конечно, отыщешь всегда утешение
в воспоминаниях о поре,
когда не ведал никто об упадке, о неизбежности,
а дальше плоскость пустая страницы.

Упадок был просто наградой, таившей надежду на то,
что никогда не тронемся с места, застывшие,
словно в детской игре.
Аэропорт, удар синей стены, океанские пляжи
в кипении мух . . .
далее свет на выцветающей кладке,

Like ice under skates,
time was slipping into a cooling roll.
Also, if you remember, it was a different time of year.

The midnight of midday. A deserted bus stop.
Yellow walls, an inky shadow on the outskirts
(then it was the outskirts, now one can't recognize those places),
which seems to have gone blind from the impossibility of being only itself,
like the moon or rubbish storms,
of which there were more and more.

We often fell silent mid-word that autumn.
A spectral series of things, of which
not one was able to become a thing,
but only a rut of meaning that
will never need untangling in the moisture of breath.
Outside the window one could hear
an ash-tree swaying mutely and savagely in the sky's ravine
of rupture.
The destruction touched everything.
Of course, you can always find comfort
in recollections of the time
when no one knew about the decline, about the inevitability,
but then there's the empty plane of the page.

The decline was simply a reward that concealed the hope that
we'd never move from the spot where we'd frozen
as if in a children's game.
An airport, the blow of a blue wall, ocean beaches
in the boiling of flies . . .
further on there is the light on faded bricks

когда все оправлено в ровное пламя свечи,—
как воск насекомых, реальность себя расточает,
формы храня и возможность.

Приподнятая в беге нога.
Рот приоткрыт. К чему относится смех?
Какие отсветы ранят неподвижные лица?
Каких ключей вода омывает
философские поры костей?

. . . Еще были такие переводные картинки:
          «вечная жизнь и, покачиваясь,
                              длинный выстрел летит».
Жестикуляция.
Жесть, взмывшая с крыш.
Напряженность и—выдыхаешь:

подпишись за меня: драгомощенко;
скука безмерна;
нескончаема пряжа, как пыль.
На магнитной дуге продолжение снится,
будто ветер, ревущий в бездонном кольце.

when everything is set into a candle's even flame—
like the wax of insects, reality dissipates itself,
preserving forms and possibility.

A leg raised in running.
A mouth ajar. What does laughter relate to?
What reflections wound unmoving faces?
From what springs does the water wash
the philosophical times of die?

. . . There were still such transfer pictures:
        "life is eternal, and, swaying,
                    a long shot flies."
Gesticulation.
Tin shot up from roofs.
Tension and—you breathe out:

you sign for me: dragomoshchenko;
the boredom is excessive;
the thread endless, like dust.
Dreams a continuation on a magnetic arc,
like the wind roaring in a bottomless ring.

[J.E.]

. . . вот они пишут стихи. Конфигурации букв включены
в безостановочные машины вмешательства. Пишут,
как если бы чего-то ожидали от жизни, а она
бы им ничего не дала. И впрямь нестерпимо,
когда бог косноязычен, сутул, проводит все свое время
на погостах, вокзалах, играя на дощатой гитаре.
И об этом они тоже переговариваются
электрическими голосами,—о природе, которая
овивает паутиной гнезда и ветки.
Подчас в этом глинистом щебете
угадать удается «исправленному верить»,
что-то о женщинах, что к низинам заката
спадают скользкими петлями.

«Но что делаешь ты?»
Верно, спроси, но только членораздельно спроси,
спроси так, чтобы я мог разобрать, о чем идет речь.
Будь внятным, не избегай чувства ответственности.
Отойди на два шага, не торопись,
а если поблизости камень, стань на него, руку воздень,
как подобает тому, кого не проведешь на мякине,
и протяни ее открытой ладонью, спрашивая:
«что делаешь ты?»
—Я? Что делаю я?

Я делаю глоток светлого холодного пива,
медленно отираю губы, откусываю кильке голову,
зажигаю сигарету и прикрываю глаза
не потому, что сегодня чрезмерно светло,

. . . there they go, writing poems. Configurations of letters plugged
into unstoppable machines of interference. They write
as if they actually expected something from life
and it gave them nothing. And it really is unbearable
when god is thick-tongued, slouch-backed, and spends all his time
in cemeteries and train stations, playing a plywood guitar.
They gossip about this too
with electric voices—about nature,
which entwines nests and branches with cobwebs.
Sometimes in this muddy twitter
one can make out "believe the revisions,"
or something about women, who unravel
in slippery loops to the depths of sunset.

"But what exactly are you doing?"
Yes, ask me, but ask intelligibly,
ask me so that I may grasp what you're saying.
Be articulate, do not avoid the sense of responsibility.
Take two steps back, do not hurry,
and if there is a stone nearby,
stand on it, raise your arm as befits someone
whom you can't lead by the nose,
and then extend it, open-palmed, asking:
"What exactly are you doing?"
I? what am I doing?

I am taking a swallow of pale cold beer,
slowly wiping my lips, biting off a herring's head,
lighting a cigarette and shielding my eyes
not because it is excessively bright out today

или, там, на всякий случай,—
но потому, что дует северный майский ветер,
несет пыль, мелкий мусор, бессонницу, слабость,
безукоризненно равную слабости сердца.

or, say, just in case,
but because a north May wind is blowing,
carrying dust, bits of garbage, insomnia, frailty,
exquisitely equal to the frailty of the heart.

[G.T.]

3

Из книги «Небо соответствий»

3

From *The Corresponding Sky*

еще одна версия
(в стиле новогреческой школы)
одного из изображений

На старости лет я сказал рабу,
послушай, Кавафис, перестал бы ты, право,
в тетрадях своих скрести по ночам слева направо.
Я изгнал рапсодов из Государства. Зачем?
Ну, видишь ли, эта новинка, ксерокс,
пришедшая, наконец, из Коринфа,
заменить вполне способна рапсодов.

Или же, например, попугай, обученный абиссинцем,—
не твоя ли серьга его ухо украшает теперь?
Да, согласен. Лексика слабовата.
Зато стремится к Единству. Пусть его кричит на Агоре!
Мир, народы, предназначение, цели . . .

—Но, Платон,—возразил он мне.
—Ни слова, Кавафис!

Что же сморщился, словно раскусил незрелую смокву?
Зуб разнылся? Поди же и вырви,—не спорю, больно.
Да, мой друг, поэзия—вроде, вовсе не то. Всегда другое.
Даже, если поймешь, что она и на самом деле
что-то иное, ничего не значит,
и никогда,—ни слева направо, ни справа налево.
Едва не забыл: говорят, Кир всех солдат знал поименно?
Вообрази же, насколько пространна
должно быть была его поминальная песня.

One more version
(in the style of modern Greek poetry)
of one representation.

In my declining years I said to the slave,
Listen, Cavafy, really, you should stop scratching away
in your notebooks at night, from left to right . . .
I banished the rhapsode from government. Why?
Well . . . you know, this novelty, the photocopier
that finally arrived from Corinth,
                    it can replace the rhapsodes entirely.

Or, for example, the parrot trained by the Abyssinian—
by the way, isn't that your earring adorning his earlobe now?—
Okay. His vocabulary is poor, however much
he seeks Unity! Let him shout it on the Agora,
The world, nations, fate, aspirations . . .

But, Plato—he argued with me.
Not a word, Cavafy.

Why did you grimace, as if you'd bitten into an unripe fig?
Does your tooth ache? Go pull it out! I won't argue, it's painful.
Yes, my friend—poetry, apparently, isn't that at all.
It's always something *else*, even if you understand
that it's really something else, and means nothing,
nothing ever—nothing from left to right, nor from right to left.
Oh, I almost forgot: they say that Cyrus knew all his soldiers by name.
My friend, imagine, how verbose
his funeral song must have been.

Неужто и впрямь себя ощущал он бессмертным?
Неужели не знал, что «*уважай бедность языка,*
уважай нищие мысли»?

Впрочем, теперь для наук у него
нет недостатка в энергии—
костры времени вниз головой ему освещают простор.

Did he really feel immortal?
Didn't he know you must "respect the poverty of language,
respect impoverished thoughts"?

By the way, now he doesn't feel any lack of energy
for learning—the flames of time bend down their heads
to illuminate space for him.

[E.B., L.H.]

Настурция как реальность

Лин Хеджинян

Потом одетая,
воду холодную пьешь
из кувшина.
В. Хлебников

1

Опыт
описания изолированного предмета
определен предвосхищеньем итога—
взглядом через плечо другого.

Настурция состоит
из дождливой прорвы окна
для себя самой «до»,

для меня—«за». Кому достоянье
рдеющей дрожи
спрессованного обнажения
в проеме обоюдоострых предлогов

створчатой плоскости,
прозрачность
разящей
стекла?

Nasturtium as Reality

for Lyn Hejinian

Clad in sweat
you drink cold water
from the pitcher.
Velimir Khlebnikov

1 |
An attempt
to describe an isolated object
gets determined by the anticipation of the resulting whole—
by a glance over someone else's shoulder.

A nasturtium composed
of holes in the rain-spotted window—to itself
it's "in front,"

to me, "behind." Whose property is
the gleaming tremor
of compressed disclosure
in the opening of double-edged prepositions

in a folded plane,
which strikes
the transparency
of the window pane?

2 |

Белизной атакующей иссушена и точна
(отточена до недвоенья отточья) стена
на бирюзе искажения.

Ракушечник и жар в пурпурном полукружье,
да пар, блистающий в трилистнике двора,
оставила гроза настурциям—наследство.
С изнанки знак, не зеркало, не детство.

(Версия: ночью лучи, разбитые вдребезги
синевой сгущенных стрекоз, связавщих
полдень в узел слепящей пены . . .

Версия: ночью лучи раскрошены
стрекоз, сшиваюших в низине
камыш с осокою, где пар слепящ,
где паутина лета, однако

ни стрекозы, ни того, что образовано
и образуется или смывается,—
но и чистейшие формы требуют грязи: версия).

Резьбой живой в мятущейся траве
безмолвие ведет раскосый ветер.
Звук извне. Навстречу. Тому,
что глаз напутал, форм не соблюдая,—
и оголяет, схлынув в в сотый раз, углы,
где цепко алчное смыкается молчанье
с попыткой одержимой обогнать молчанье.

2 |

Attacked by white, desiccated and exact
(so precise it's as irreducible as ellipsis)
                                        a wall
in the turquoise blue distortion.

                                        To the nasturtiums
the stone left a legacy of limestone and heat
in a purple semicircle
and steam, gleaming in the cloverleaf courtyard.
A sign, inverted—not mirror, and not childhood.

(A version: this night the rays, shattered apart
by the compressed deep blue of dragonflies that had drawn
                    noon into a knot of blinding foam . . .

A version: tonight the rays of dragonflies
crumbled, by day they sewed together cattails with sedge
in the marshes, where the steam is dazzling,
cobweb of summer, yet

neither is a dragonfly there, nor that which forms
and is formed or is washed away—
but even the clearest forms need mud. A version.)

As a living fretwork in blown grass
the slanting wind drives silence.
                                        A sound
from without
            approaching
that which
the eye has blurred, an unconforming form—
and ebbing for the hundredth time, bares corners
where the obsessive attempt to outrun silence
persistently grips the rapacious silence.

3 |

Вибрирующая настурция (погруженье
шмеля в недопитую оторопь крыльев) в
пряже намерений укрепляет края
(что-то происходит с глазами—не достигают ума)
материи в существительной косной ткани цветка,—
распускает округлые траурно в сумерках (вскрику
гортанных кустов в друзах осени их уподобим)
листья (знание, принадлежащее мне,
ее бережно впитывает, подключая
к неисчислимым сетям капилляров:
          настурция—лишь отрезок нейронной струны).

Некоторые проедены гусеницей, тлей, лучами.

В подъезде у «Спартака» сочится надпись:
«Срочно звони, убит Вольтер».

Сыр букв мел.

3 |

The vibrating nasturtium
(immersion
of a bumblebee in the still unconsumed confusion of wings)
on
the thread of intentions strengthens the edge
(something is happening to the eyes—
they don't communicate with the brain)
of matter
in the nominative, near-verbal filter
of the flower
it opens its leaves
mournfully rounded
(we shall liken them
to the shrieks of guttural bushes
in the druses of autumn)
in the dusk
(the knowledge, which belongs to me,
absorbs it cautiously, connecting it
to innumerable capillary nets:
the nasturtium—it is a segment of a neuron
string).

Some are eaten through by caterpillars, sun rays, aphids.

Writing sweats in the building entrance near the "Spartacus":
"Voltaire has been killed. Call me immediately."

Damp words chalk.

4

Помнишь ли, как впервые
настурция отделяется
от листа платана?

Где воля обретает смысл желанья
на волос смерти вырваться вперед
до хруста позвонков пятитоновой гаммы
и муравьев в висках—подобны соли—
сухим ожившим звоном, перебирающих
как воздух каждый волос той, которая уже
кувшин и пот, и лист платана,
вода, кувшинка, ожерелье пыли,
и лезвие, сквозящее разрывом,
и остальное все, что может продолжаться,
лишь только память, приоткроясь, прянет
навстречу ей, распутанной глазами,
столь смехотворно соблазнить пытаясь
ту, что отныне только продолженье
в безмерной близости предела,
настойчивой поспешной речью.

Достаточно известен диалог:

4 |

Do you remember
how the nasturtium
first separates from the plane leaf?

Where the will takes on the meaning of desire
to rush a hairbreadth from death forward

until the vertebrae crackle in the pentatonic scale
and ants are at one's temples—
                                        they are like
salt—
          with the dry enlivened ringing
of air fingering every hair

of what
is already a pitcher, water and sweat and plane leaves,
water lily, necklace of dust
                              and blade, showing through
a gap
and all the rest that might continue

but only memory, opening slightly, jumps
to meet it, untangled by the eyes,
trying so ludicrously to seduce

what

henceforth is only a continuation
within the ends' immense proximity,
hurried persistent speech. The dialogue
                              is common enough:

—Где ты была?—промолвят.
—Я . . .   . . .—запнется.

Но ей подскажут:
—Ты отстала, оставив нас . . .
—Не знаю . . . разве?
—Зачем нам то, что принесла с собою?
—Когда? Где? Кто?
—Нет, ты, собою.

—Ну да . . . что скажешь мне, я буду помнить.
(докучный длится диалог,
переходя в природу постепенно шума)

Так дерево за тенью шло. И если бы
сознание мое я мог вложить в народы листьев,
в регистры сучьев, искр и в гул стволов—
сказал бы: тень готова
                                        истоки в окончании ветвей
определить, продлить, оставив «умиранью»
нелепое признание в любви
залогом смехотворным узнаванья,
а завтра всё—всё чередом своим . . .

Непроницаемо.

They'll say, "Where were you?"
She'll stammer, "I . . . . . ." And right away
      they prompt her:
"You fell behind, leaving us . . ."
"I don't know . . . Really?"
"Why do we need what you brought now?"
"When?
   Where? Who?"
"No, you, yourself."

"O, everything you tell me I will remember."
(And the boring dialogue goes on, gradually
         becoming noise)

So

the tree went behind a shadow. And if
I could instill my consciousness into its population
of leaves, into the register of sparks and twigs,
into the rumble of its branches—
I would say:
      The shadow is ready
to delineate, lengthen
            its sources in the branches' tips,
            having bequeathed to "dying"
an absurd confession of love
   in ludicrous collateral of recognition,
   whereas tomorrow all—all resumes its turns . . .

Impenetrable.

5 |

Испещренные повторами лопасти

(сорок секунд уходит на поиск
аналогии разветлению вверх
предгорловой части стебля—вместо того:
«выражение, разлучая себя к восклицанию,
значит столько же, сколько и запятая,
предшествующая его появлению»)

в лучеобразных прожилках,
проживающих эпидермий, как дыр надпись,
стекающую к обрыву, не унимая
беспорядочных колебаний, ложатся вплотную,

дробя меж собою и мною
пространство спасительное рассудку.
Драгомощенко Аркадий Трофимович
описывает настурцию, изведенную из описания.

Хлорофилл распрямляет галактики кислорода.
Трение света о зеленую массу
расширяет путь вещи в сетке фильтрующей ливня,
ленно колышет другую, знаменуя
в знобящем пороге узнаванье широких потерь,
брешь, заплывшую в щель, чья двустворчата власть,

5 |

Blades pocked with repetition

(forty seconds spent searching for an analogy
                                        to the upward branching
at the throat of the stem—instead
of this: "the expression,
                    branching out into exclamation,
means as much as
the comma which precedes its appearance")

in radiating veins, like holes inscribed
in living epidermis
                    that flow toward a precipice,
not calming the disordered fluctuations,
lie close,

dividing between me and themselves
the space that preserves reason.
Arkadii Trofimovich Dragomoshchenko
describes a nasturtium, removed from description.

The chlorophyll aligns galaxies of oxygen.
The friction of light against the green mass
widens the path of the thing
                              in the filtering net of the downpour,
lazily sways
another, signifying at the shivering threshold
recognition of wide losses, a gap that runs
                                        into the crack
of power bivalved,

словно талый узор — виноград, перешедший
чужим бормотаньем в новый простор
порожденья иного из неизменного.
Произнеси: А.Т.Д., риторика накопленья.
Утвержденье: те ли стрижи (что три года назад),
словно молекулы тьмы, тему вечера
снова соткут для звезды, обронившей
мускулистую линию в темя залива?
Тому ночное умаление в зелень и ниже,
в ил милости почв.

Настурция и дождливое окно за окном
подобны сокрушающим друг друга значениям,

притягиваемым пустотой, одной
из отстоящих подробностей — прям, тонок,
по дереву вброд линией проведенный
рот, — тень его флюгер, перебирающий
горизонтали решений,

мысль,

like a melted pattern—a grapevine
that passed with strange mumbling
into a new space begetting something else
                                        from the immutable.
Proclaim: ATD, the rhetoric of accumulation.
Affirmation: are they the same swifts (of three years ago),
like molecules of darkness, which will weave the theme
                                        of evening again for the star
that dropped a muscular line onto the crown of the bay?

That nightly subsidence into the green, and lower,
                                                  into the silt of soils, mercy.

Nasturtium and the rainy wind-
ow behind wind-
ow resemble meanings smashing each other,
drawn by emptiness, by one
of the distinct details—straight, thin,
a mouth pulled across the tree,
line-like—the shadow its weathervane
plucking the horizontals of decision,

thought,

не успев что родиться, в речь мимолетом рядится,
ряды образуя свечений в веществе раздраженном,
брызнув в противоположные род, сроки, число,
как стеклярус в разные стороны
с разорванной восторженно нити.

Подобно тому, не успев испариться,
капля бывает отброшена раскаленной плитой.
Поворот головы продиктован потребностью
уяснения траектории оперенной плоти,
чья масса втиснута в коридиры тяготения зрения,
просекающего ему обратную перспективу
в толщах растянутых равновесий.

Механизм клавиши,
извлекающей звук, парящий над своим описанием
в слухе, протянутом отклоненьем в теперь.
Когда?
Где?
Кто?
Зачинающие головокружение «вещи в теперь».
Но очертания ее непреложны.
Чтобы пресечь убывание—рама,—ее вертикали
служат примером тому, как
осязаемое вводится в разум,—заумь возвращает
суждением то, что вобрала и растворила
в чистую плазму за день: настурция
необыкновенно проста (пуста)
до первой строки (с любого конца).
Позиция равновесия. Скобка, которую не закрыть.

6 |

without time to be born, dressed briefly in speech,
forming rows of luminescence in aggravated matter,
into their opposite
spattering number, genus, intervals
like narrow glass beads scattering
                                        from ecstatically torn thread.

Just as, without time to evaporate,
a water drop is thrown off the scalding stove.
The turn of the head is dictated by the necessity
                                        of comprehending the trajectory
of a feathered body whose mass is squeezed
into the corridors of vision's gravity,
                                                cutting
its inverse perspective
into the thicknesses of prolix equilibriums.

The mechanism of the keys,
extracting sound, hovering over its description
                        in the ear, protracted with reverberation into the now.
When?
                                        Where?
                                                                                Who?
The incipient vertigo of the "thing in the now."
But its outlines are unalterable.
In order to cut off the decrease—the frame—its verticals
serve as examples of how the palpable enters reason—
zaum returns as conclusion what it has absorbed
and dissolved into pure plasma each day: the nasturtium,
                                                unusually simple (empty)
before the first line (from either end).
A position of equilibrium. A parenthesis, which one doesn't want to close.

7

На желтой синеве лилова белизна.
Зной поры пьет известняка, и
полукружья солнца на траве ржавеют.
Лишь сквозь другого (школьные таблицы,
решетки игр, иглы, логарифмы,
брожение капустниц по садам,
валентность дней и птиц, природа,
фигурки слов сквозь формулы стрекозьи
да чердаки, где грезит зверобой
и сыплется, легка, медовая труха
из балок душных перекрытий,

где солнечные бодрствуют осы
и, на комод разбитый юбку бросив,
соседка-сверстница, раздвинув ноги,
кладет ладонь твою туда, где горячей всего,
и узнает рука все то, что видела всегда
сквозь школьные таблицы, логарифмы птиц,
сквозь звезды ее рта . . .) —
и дело тут не в том, какого рода . . .
в другого рода лепке языком
слюны под лампой темной горла,
как будто вспять в намеренном незнаньи
случается, что выпадает срок
ничтожный даже для небытия.

И гонит воздух взор вдоль кривизны земли,
что из окна рассыпалась травою,

7 |

On the yellowish blue the white is violet. The pores drink
                                                                                    the limestone's heat
and semicircles of sun rust in the grass.
                                                                     Only
through another
(multiplication tables, game board grids, needles, logarithms,
cabbage butterflies wandering in the gardens, the valence
of days and birds, nature, little word figures
through the formulae of dragonflies
and attics, where Saint John's wort dozes and slightly honeyed wood dust
                                                                                    pours from the sweltering
                                                                                                                        ceiling beams,

where sun-filled wasps are wakeful, and where, tossing her skirt
                                                                     on the broken bureau
a neighbor girl, spreading her legs,
puts your hand where it is hottest,
and your hand
                                          recognizes all that it always saw through
multiplication tables, logarithmic birds,
the stars of her mouth . . .)—
and the point isn't which kind . . .
in that other kind of modeling made by the tongue with saliva
under the dark lamp of the throat
as if going backward in intentional ignorance it should happen
that an interval occurs, too worthless even for non-existence.

And the air
chases your gaze along the curvature of the earth

струеньем иероглифа в стремнине
уже законченной весны
на грани переполненной луны
той, что для нас, «достигнув полноты»,
в солнцевороте кровь остановила,
едва не тронув кончиками пальцев
(слегка не дотянулась) зоны лета,
подобно отраженной жаром капле . . .
И словно ужас медлил испаряться—

which from the window is scattered with grass, hieroglyph
                                                            flowing
in the rapids of a finished spring on the brink of an over-full moon,
the one that for us, "having reached fullness,"
stopped the blood in the solar cycle
having almost touched with its fingertips
(not having quite reached) summer's zones,
like a water drop reflected by the heat . . .
And as if fear was reluctant to evaporate— —

8

Где воля обретает смысл желанья
на волос опереться сквозняка

Вас было восемь у ее постели.
Ей счет начать предстало:
первой иль девятой в распаде клеток смрадно
(детский ужас!—вдвигавший рвоты клык
при виде воска, идущего на сладостную маску—
чей рот текуч с ушей—и запаха свечей
в чаду воспоминания о том, кто,
как бревно со снятою корою,
распластан в жирном черноземе) и

в тленьи милых связей—юнолунья завязь—
привычных в разделении времен.
. . . и только взгляд других незримо держит плазму.

Но пишешь, будто «ожидание», «прерывность»,
теряя смысл и естество,
как третий цвет ее вплетали
в свой, исполнения не знающий узлов,
узор,

и все труднее зрело
значение «ее», тогда как шла работа
по изведенью мысли (ты, она) из оболочек
материнской боли, безмолвие симметрии кроша
безмерной близостью предела.

8 |

Where the will takes on the meaning of desire
to lean on the hair of the breeze

There were eight of you at her bed.
She had to begin counting: the first or ninth
in the stench of disintegrating cells (childhood terror!
pushing fangs of vomit at the sight of the waxy gloss
approaching the sweet mask whose mouth flows
out of the ears
and the candle scent in the fumes of memories of one
who like a log stripped of bark is spread out
                                        in lush loam) and

in the rotting of sweet connections—young lunar ovary—
                          accustomed to the divisions of time.
. . . and only the others' glance blindly holds the plasma.

But you write that "waiting," "discontinuity,"
losing sense and substance, like a third color,
wove her
       into its own pattern, a work accomplished free
of knots,

and all the more unbearable the meaning of "her" ripened in you
while the quiet work went on revealing
                                        thoughts
(you, her) from the sheath of maternal pain
the silent symmetry crumbling in the immense proximity
                                              of the end.

И дерево темнело пред тобою. И ветер-поводырь
(смешавшую именованья) вел белую траву.
А здесь, на сорок первом жизни,
дураковатый баловень холодных облаков,
ведя глазами мозг по кругу мотыльков
и, одержим, невесть какой затеей, испытывая
пальцев ремесло, я подоплеку изучал событий
в прослушиваньи блеска стертых слов,

изъяны точности истолковать готовый,
как—«все, что видишь чрез плечо другого,
            уже—есть ты, и вновь плечо другого;

бессильный что-либо продолжить
в познаньи, разлучающем в едином».

Пособием граматики—пейзаж,
сквозь X сравненья подстановкой брезжит,
настурцией.
Ползет за подоконник.

Немного холодно.

Слегка знобит.

Закат.

And the tree grew dark in front of you, and the guiding wind
led the white grass, confusing its names . . .
And here, in the forty-first year of life,
a pampered fool of the cold clouds,
leads his brain with his eyes around the circle
of moths, and obsessed
                    with who knows what fantasies
                                        testing the fingers' craft
I contemplated the truth behind events listening to the vividness
                                                                        of the erased words

ready to expound on the defects of precision,
as "all that you see over another's shoulder
                                        is already you
and another's shoulder once more;

powerless to continue anything
in knowledge dividing into unity."

Grammar book—landscape. Through the X of comparison
                                              a substitute nasturtium
flickers. It creeps behind the windowsill.

Somewhat cold.

Shimmering slightly.

Sunset.

9 |

Молния (о прикосновении лукавости)—
кольцо «природы»—раскалывает
некий предварительный океан
на моллюск мозга и длящуюся по обе стороны воду,
оставляя последнюю завершенной надолго,
чтобы в будущем проползла
цепным миганьем телеэкрана
или икриным скрипом диагонали
комнаты, зазубренной огнем назубок.
Правило первое: не курить в постели.

На воду, где, претерпевая клеточные изменения
в зеркальном деленьи, в играх этого и другого,
в изнаночном шелесте аминокислот
(именно там происходит деление
на мужчину и женщину, на моллюск мозга и рябь)
мелькнет впоследствии (некоторые колебания контура
минуют мембрану горла) развевающая складки фигура,
босыми ногами ступающая по письму
безразличному ряби, щекочущему стопу.

Рыбе предстоит деленье на пять,
хлебу—на голода единицу. Винограду—врасти
в зияющую возможностями метафору крови.

9 |

Lightning (at a touch of the sly)—ring
                                        of "nature"—
splits open some prior ocean
into the mollusk of the brain, and water outstretched
                                        on both sides,
the latter left
finished for a long time

so that in the future it might creep with linked twinkling
                                        of TV static
or spawning squeak diagonally across the room,
which fire remembers backwards and forwards.
                                        Rule number one:
no smoking in bed.

                        On the water
where, surviving the cells' mutation
in dividing mirrors, in the play of this and that,
in the rustling reverse side of amino acids
(this is where the division into male and female occurs
into the mollusk of the brain and into rippling),
                        a figure will be glimpsed
as a consequence (a few fluctuations of its contours
                        miss the membrane of the throat)
in flapping folds
stepping barefoot on the ripple's indifferent letter
                        which tickles the sole. The fish
can expect to be divided into five,

the bread—into unit of hunger. The grapes—to grow

in gaping possibilities of the metaphor of blood.

10

А здесь на сорок первом жизни
дураковатый баловень,
чья речь все не о том,

одержимый

затеей испытания пальцами ремесла преступления
с разных сторон занявшихся горизонтов конца,
проклевывающего скорлупу окна,
следуешь от вспышки к вспышке, от разрыва к разрыву,
проплывающих магниевыми лепестками,
лица позволяющими узнать тех,
кто останавливается опечаткой в памяти.

Каменноугольный пласт—спрессованные
до возможности горения отпечатки. Оборван
чьей-то рукой, спускается сверху микровенец маттиолы
и мотыльком магнитно-зеленым приникает к излучью локтя.

На побелевшем балконе хлопает дверь: кто? где? Теперь.

Настурция существует как пришедшиеся впору вечеру
листья и в виде чаши (разброшенные края)
ускорившего вращенье цветка.

10 |

And here in the 41st year of life
a pampered fool, whose speech continually
misses the point,

obsessed

by the thought of putting my fingers to crafts of transgression
        which from various sides have occupied the horizon's ends
pecking through the window shell,

you follow from burst to burst, from explosion to explosion,
        like magnesium petals floating by,
that permit the faces of those who remain a misprint in memory
to be recognized.

The bed of coal—
countless imprints compressed until they can burn.

Torn by someone's hand the microwreath
                                        of sweet-scented stock
                descends and clings
like a magnetic-green moth to the bend of the elbow.
The door is banging on the whitened balcony: Who?
                                                    Where? Now.

The nasturtium exists like leaves that appear
to fit the evening and in the goblet's shape (edges flared)
                                    which speeds
                                                    the spiral
of the flower.

Лазурь дребезжит слегка от заползшего за
циферблат самолета. Неопознанный объект
возводится в ранг врага. Мы спешим с опознанием слова,
прежде чем его уничтожит молва:
перемена прогноза. Даже самый невзрачный город
выходит за границы пересекающего его пешехода.
Я намереваюсь сказать, что сказанное и пустота,
втягивающая на выбор элементы высказывания,
сополагаясь, обнаруживают источник желания:
опять не сказать то, что сказано.

Почтальон объясняет: превратное чувство стыда.
Остаток зимы—чучело, набитое тряпьем и соломой,
сгорает, завороженное в лучах хоровода.

Гнозис погоды.

Благость немыслимой близости
(смерть стягивает в узел прорех берега),
минуя рассудка ось—к кости
от первого прикосновения (отсчет), к коже,
благодаря глаголу, означающему чаще всего
бесцельную ходьбу по песку или пловца,
изъятого воображением из точки, стекающей
по окраине глаза;

или сближение с холодом,
перекушенным белизной хлопка

Azure slightly clatters from an airplane
crawling behind the clockface.
                                        An unidentified object is raised
to the rank of the enemy. We hurry
to identify a word before rumor destroys it:
a change of prognosis. Even the dullest town
extends beyond the borders of the pedestrian who crosses it.
I intend to say that the said and the emptiness
sucking in a selection of the elements of utterance,
discover, when juxtaposed, the source of desire:
                    what is said is not to be said again.
The mailman explains: false sense of shame . . .
Remnants of winter—a scarecrow stuffed with rags and straw
burns, enchanted in the round dance's rays.

Gnosis of weather.

The ecstasy of unthinkable closeness (death
knots together the slits of the shore)
                                                  bypassing
the axis of reason—down to the bone
from the first touch (onset of counting), down to skin,
thanks to the verb, meaning more often
aimless walking along the sand or the swimmer
extracted by the imagination from a point
                                        trickling down the outskirts of the eye;

or intimacy with the cold
bitten through by the white clap
                              of rippling canvas,

плещущего рядна, выцветающего неизвестно куда
против шерсти оглохшего серебра, льнущего
к неосязаемому предмету раздора.

Догадка проста — настурция

не

fading heaven knows where to
against the deafened silver's wool, clinging
to the intangible object of discord.

A simple conjecture—the nasturtium

is not

11

нужна. Слагается из точности исключительной языка,
требующего от вещи «быть» (говорим иногда).

Иногда говорим: другого времени.
Вплоть до западни горчичного семени, признаков,
напоминающих и доводящих напоминание
в рассеяньи стиха до последнего витка кокона,
изнуряющего дыхание.

11 |

necessary. It is composed from the exceptional exactness of language
commanding the thing—"to be"
(as we say sometimes).

Sometimes we say: of another time. Right into the snare
of the mustard seed, signs
reminiscent and leading to reminiscence
in the disintegration of the poem until the last coil of the cocoon
of exhausting breath.

12 |

Настурция—это неубывающее шествие форм.
Геологический хор голосов, наползающих,
вскрывающих друг друга, когда
день превращает вечер в наметенный бессонницы холм,
а щебет заползает в рот какого-то старика на скамейке,
чьи пальцы узловаты, как шахматные фигуры,
возвращенные с той стороны луны. Но и крик идиота
сквозь березовые оползни духоты, по которому
                                        сверяешь третий год часы.

Те же стрижи, бумага, пустившая корни
в шершавую древесину стола,
у заправки газгольдер,
собирающий в линзу зной, лицо—в интригу
                                        антикоррозийного вскрытия.
Слой архитектуры центра.

Молекула не имеет отношения к молитвам,
но видеть, вдевая увиденное в иглу, жадность
которой под стать безукоризненности ее выбора:
                                        тончайшего отверстия форм.

Пустое колесо по склону.

Настурция и огонь.

12 |

The nasturtium—it is the undiminished procession
of forms, the geological chorus of voices surmounting,
dissecting each other
when
day transforms evening into a hill of drifted insomnia,
and a chirp
creeps into the mouth of an old man on a bench
whose fingers are knotty like chess figures
returned from the other side of the moon.
Also the shriek of an idiot
through the birch slides of fetid air
by which you check your watch for the third year now.

The same swifts, paper that took root
into the rough wood of the tabletop,
a gas pump at the gas station
collecting heat into a lens, the face—into the intrigue
of an anticorrosive dissection.
A layer of architecture from the center.

A particle is not related to prayer,
but to see, threading the seen through a needle, whose greed
fits the impeccability of its choice:
the narrowest opening of forms.

An empty wheel rolling down the slope.

The nasturtium and fire.

[E.B., L.H.]

PHOTO: DMITRY VOLCHEK

A BRIEF BIOGRAPHY AND BIBLIOGRAPHY

Dragomoshchenko was born in 1946 at Potsdam, where his father served as an officer in the Soviet Army. A photograph remains of him as a swaddled baby in front of the burnt-out Reichstag.

He grew up in Vinnytsia, Ukraine. Although composed in Russian, his poems respond to his Ukrainian Baroque heritage in a certain softness of their speech, their music, illegibility, bookishness, and penchant for symbols. The lush, dusty summers of the Ukraine provide the nameless landscape of his eclogues.

In 1969 Dragomoshchenko enrolled in theater school in Leningrad to settle permanently in that city. He became active as an underground poet, typing up booklets of his work and collaborating with *samizdat* magazines. In the early eighties he participated in the literary society Club 81, a compromise with the authorities to legalize *samizdat* culture. Still, his first legal publications saw light only during perestroika.

In 1983 Dragomoshchenko met the American poet Lyn Hejinian during her visit to Leningrad. At his suggestion, without a language in common, they embarked on a correspondence that later became the object of *Letters Not About Love*, a documentary by Jacki Ochs. When the Soviet Union started to sag, Arkadii and Lyn jointly arranged visits of experimental American poets to the Soviet Union, and of their Russian counterparts to the United States. Their 1983 meeting turned into the most significant, as far as experimental poetry is concerned, event of the end of the Cold War.[1]

1990 saw the publication of Dragomoshchenko's first two books of poems: one in Russian, *Nebo sootvetstvii*, and one in English, *Description*, translated by Hejinian and Elena Balashova. These books were followed by the publication of *Xenia* in both countries and both languages, a tour of the States by the poet, and teaching assignments at SUNY-Buffalo, UCSD, and NYU.

Meanwhile in the renamed Saint Petersburg, Dragomoshchenko was acquiring followers and allies, and serving as a poetic voice for

Russians interested in deconstruction and poststructuralism—Western philosophies brought to the literary market by the abolition of censorship. He became the target of attacks by traditionalists.

Dragomoshchenko made a living by lecturing, editing, writing for magazines, proofreading, even typesetting. He was translated into all major European languages, and welcomed at poetry festivals all over the world. He composed pioneering translations of contemporary Western, and especially American, poets. His last full book was released by Oxford University Press in Chinese. He died on September 12, 2012.

PUBLISHED WORKS

Nebo sootvetstvii [The Corresponding Sky]. Poetry. Leningrad: Sovetskii pisatel', 1990.

Description. Poetry. Tr. Lyn Hejinian and Elena Balashova. Los Angeles: Sun and Moon, 1990.

Ksenii [To Xenia]. Poetry. Saint Petersburg: Mitin Zhurnal, Borey Art, 1993.

Xenia. Poetry. Tr. Lyn Hejinian and Elena Balashova. Los Angeles: Sun and Moon, 1994.

Fosfor [Phosphorus]. Novel. Saint Petersburg: Severo-Zapad, 1994.

Pod podozreviem [Under Suspicion]. Poetry. Saint Petersburg: Borey Art, 1994.

Kitaiskoe solntse [Chinese Sun]. Novel. Saint Petersburg: Mitin Zhurnal, Borey Art, 1997.

Opisanie [Description]. Poetry. Saint Petersburg: Gumanitarnaia akademiia, 2000.

Na beregakh iskliuchennoi reki [On the Shores of the Expelled River]. Moscow: OGI, 2005.

Chinese Sun. Novel. Tr. Evgeny Pavlov. Brooklyn, NY: Ugly Duckling Presse, 2005.

Bezrazlichiia [Indifferences]. Shorter prose. Saint Petersburg: Borey Art, 2007.

Dust. Shorter prose. Tr. Evgeny Pavlov et al. Champaign, IL: Dalkey Archive, 2008.

Tavtologiia [Tautology]. Poetry. Moscow: NLO, 2011.

Shoaling Things / Naar de ondiepte. Poetry. With Jan Lauwereyns. Ghent: DRUKsel, 2011.

Tavtologiia / Tong yi fan fu. Poetry. Tr. Wenfei Liu. Hong Kong: Oxford University Press, 2011.

Paper Dreams / Zhi Meng. Poetry. Tr. Gilbert Chee Fun Fong et al. Hong Kong: Chinese University Press, 2012.

DRAGOMOSHCHENKO'S RUSSIAN

Arkadii Dragomoshchenko passed away only a fortnight after receiving the diagnosis of advanced lung cancer. As his friends sought consolation in his writings in the days of his death, the words suddenly seemed to bear new and heavier meanings. It was, for example, "discovered" that the poet had been contemplating the prospect of his own death all along, and that the prospect formed much of the negative space of his utterance. His poetry struck some of us then as even more classical, Roman. Perhaps this is a perspectival illusion due to death. In any case, the manuscript for Endarkenment *was completed before the author's illness manifested itself. In the light of his passing, the following essay appears outdated, and its ironies may grate on the nerves. I have nonetheless been encouraged to publish it without revising even the tenses, as a picture taken of the author while he was living.*

Arkadii Dragomoshchenko is a controversial figure in Russian poetry today. His work does not have broad appeal. Although he has been picked up by the country's largest and most important humanities press, NLO—whose name, an acronym for "New Literary Review," is also how one says "unidentified flying object" in Russian—the intelligentsia of his generation, the baby boomers, generally prefer poetry released by the far more prim and proper Pushkin Fund, located in Saint-Petersburg, rather than the younger, more "theory"-inflected, often undigested, and sometimes undigestible work of poets of NLO, headquartered in Moscow. The fact that Dragomoshchenko was born in 1946, lives in Petersburg, and came out of that city's poetry scene does not substantially alter his image.

A few years ago, I interpreted at a reading by a Russian poet whose poems are not difficult to decipher for a native speaker schooled in the Soviet system. The reading took place in Petersburg, under the auspices of Summer Literary Seminars, an international creative writing program. Some stranger in the back greeted the ending of each poem with the kind of "that's so deep" hums and "you go girl" uh-huhs that you never, ever hear at Russian poetry events, although he was obviously a native. At the end of the set, he stood up and proclaimed with evident satisfaction: "This ain't no Dragomoshchenko for you!" (*Eto vam ne Dragomoshchenko!*), presumably intending to underscore the reader's adherence to the dictates of prosody, realism, and construction of self that make sense to a broad section of Russian intelligentsia. Dragomoshchenko was not present to hear his name become the byword for amphigory.

He has fared better with American friends and readers, who sweetly stress the penultimate syllable of his last name rather than the middle one. The present book is his fifth English-language title, with the first two, *Description* and *Xenia*, translated by Lyn Hejinian for Sun & Moon in the early 1990s. He appears as a protagonist in *Leningrad*, a collaborative essay by Lyn Hejinian, Ron Silliman, Michael Davidson, and Barrett Watten about visiting Leningrad to take part in a poetry seminar in the heady days of 1989. In fact, far more attention has been paid abroad to Dragomoshchenko than to many Russian poets who have gained broader readerships at home. The situation is less unnatural than it seems. His American friends largely came from the movement associated with *L=A=N=G=U=A=G=E*, *This*, and other '70s and '80s journals known for their radical poetics. Especially in their salad days—back when "salad" meant iceberg lettuce—Language School poets were almost as likely to be denounced for deviating from mainstream poetic norms in the United States as Dragomoshchenko, a little later, was in Russia. It is the communities they built for themselves in the States, painstakingly and over decades, that provide the main American readership for their Russian colleague. He thus appeals not so much to foreign rather than domestic poetry readers, but to experimental rather than mainstream readers, in both systems. After all, someone in Russia must be buying his books, with their incisive prefaces by philosophically inclined critics. Conversely, I have no fear of these translations appearing in the *New Yorker*.

In the excitement of perestroika-era encounters, American poets tended to portray Dragomoshchenko as one of them. I particularly enjoy accounts of one 1989 Leningrad reading where all the other Russians declaimed from memory, intoned, squinted, waved their arms, rocked to and fro, and performed other non-rational actions naturally selected out of print-dominated American letters, whereas Dragomoshchenko, when his turn came, pulled up a chair and started reading quietly from piece of paper. The Americans were so excited by this display of liberal values that their representations of the scene cite the poet's words in seamless English, as if a large dictionary did not block them from the original. Then, in keeping with the rituals of Dragomoshchenko's salad days—back when "salad" meant boiled potatoes—some village explainer from Siberia got up and tried to convince the poet that his poetry wasn't poetry.[1]

Rather than thinking about Dragomoshchenko as an American poet in Russian clothing, I want to think about him as no less legitimate a continuation of the Russian poetic tradition than somebody composing *abab* iambic tetrameter quatrains about pollen. This does not mean that I wish to discount his perusal of, say, Derrida and Deleuze or, say, Gertrude Stein and Wittgenstein. I am sure lots of frisson may be had by mapping what Dragomoshchenko says and how he says it onto, if not the analytic procedures of deconstruction, then at least to its aesthetics, mythologies, symbols and emblems—that is, its version of the feeling you get when you look to the West and your spirit is crying for leaving. But this is not the job for somebody who went to American college in the 1980s and consequently finds combinations of words like "always already" and "the deferral of the signified" to be something so old-hat that even saying it's old-hat is old-hat (and weirdly embarrassing). Nonetheless, I fail to see why engagement with relatively contemporary Western literature and philosophy should disqualify somebody from being a Russian poet—*that* would really be a break with tradition!

A good starting point for thinking about Dragomoshchenko's place in Russian poetry is his relationship to Mandelstam. Dostoyevsky once said that all of Russian realist fiction came out of Gogol's "Overcoat"; this is no more false than claiming that much of Dragomoshchenko develops the line, in Mandelstam's "Tristia," that the only thing truly sweet—gloss: valuable, meaningful, meaning-making—in our lives is the instance of recognition ("i sladok nam lish uznavaniia mig"). Dragomoshchenko extends Mandelstam's "recognition" to a whole series of scenarios: now it is eros; now it is self-reflection; now it is childhood memory; now it is matching a word to an object, understanding a pattern, finding oneself in the world; now it is anamnesis; now it is reading. However, what matters to him is only the instance of recognition—the mental experience of it—rather than what the recognition is a recognition of. This is why he strives to empty his poems of particular content. Imagine someone you know in the street: now take your recognition at the precise moment it occurs, and empty it of the street and the person, to contemplate recognition itself. This is what it's like to read a Dragomoshchenko poem.

Dragomoshchenko's emptying out of Mandelstam owes some of its drive to Alexander Vvedensky, the Petersburg avant-garde poet and member of OBERIU who left, upon his death in 1941, what is only now becoming recognized as one of the most remarkable bodies of poetry in twentieth-century literature. Dragomoshchenko's poems from the late 1980s quote him repeatedly. For Vvedensky, human cognitive mechanisms are inadequate for understanding the world that always exceeds them; therefore, the epistemologically preferable attitude toward the world is that of active not-understanding. His language performs and evokes active not-understanding of the world by combining words in such a way as to preclude the world from being read rationally through them. Although Vvedensky's poetics are rather unlike those of Dragomoshchenko, both poets cultivate indeterminacy and paradox in order to express doubt in (as Vvedensky does) or to bracket (as Dragomoshchenko does) the competence of language when it names, categorizes, describes, or even refers to anything outside itself.

English-language readers might benefit from the following brief sketch of Dragomoshchenko's Russian, especially of those aspects that have defied our translation efforts. I will draw most of my examples from my favorite poem in this volume, "To a Statesman," beautifully rendered by the American poet Genya Turovskaya. Its first line,

Kogdà	ty,	polìtik,	sny	razgovàrivaesh	po	tetràdi
When	you	politician / statesman	dreams	talk	by / along	notebook
	familiar		*noun; accusative*	*verb; 2nd person singular*		*noun; dative*

presents problems both syntactic and semantic. *Razgovàrivat'*, "to talk," "to converse," is an intransitive verb, but here a direct object is thrust upon it: dreams. The result, something like "you are conversing dreams," is not a phrase that might pop into the mind of a native speaker. As a syntactic impossibility, it generates no clear meaning and cannot, therefore, represent anything in the world if the world is rational. It does, however, suggest several near hits. First and foremost, the native speaker will notice its proximity to the phrase *razgovàrivat' vo snè*, "to talk in one's sleep." Perhaps the statesman divulges his secrets or suffers from nightmares? A more recondite—and very obsolete—usage of *razgovàrivat'*, one where the verb may indeed take a noun in the accusative, means "to talk out of." Perhaps the statesman defuses his nightmares by talking? Yet, in Russian as in English, only a person can be talked out of something, a dream cannot. Perhaps the statesman "talks" his dreams in the sense that they are a kind of speech-act, and structured according to the same rules as language? But to interpret the phrase thus still violates syntactical norms, and if that were the native speaker's meaning, she would have expressed herself otherwise.

To make matters worse, *po tetràdi*—"along" or "from" or "by the notebook"—cannot not join with *razgovàrivat'* either. One can *chitàt' po tetràdi*—"to read *from* (or *by*) the notebook," not quite the same as *chitàt' v tetràdi*, "to read *in* the notebook." *Po tetradi* often has spatial connotations ("the pen was moving *in*, or *along*, the notebook") or sometimes causal (*po tetràdi uznaiùt*, "they will know *from*" or "*by* the notebook"). When the preposition *po* follows *razgovàrivat'*, however, the result is almost inevitably *po telefònu*: "to talk on the phone." So what is the statesman doing with his dreams? Is he talking them "into" his notebook, as if it were a telephone receiver? Or is the notebook instructing him how to interpret his dreams, or even how to dream them? Or is he talking his dreams "across" the notebook by writing them left to right? None of these possibilities fully fits. Rather, the central meaning of the phrase *sny razgovàrivaesh po tetràdi* is missing, forced out like the face of the snuffbox general in Gogol's *Overcoat*: "which general I can't exactly say, for a finger had been thrust through the spot where his face should have been, and the hole had been pasted over with a square piece of paper."[2]

Complementing the elision of central meaning (and therefore the possibility of reference) is the poet's prolific abuse of deixis, that is, those features of language that refer to the time, place, actors, and other extratextual contexts of an utterance. He avoids pronouns (I, you, he, etc.), adverbs of place or time (here, there, now, tomorrow), or demonstrative adjectives (this, that), making explicit who is doing what to whom, when, or in what manner. I don't just mean such questions as who the addressor and the addressee of "To a Statesman" are, and what their relationship is, and what country the statesman lives in, and so forth—these issues might be left unspecified in far more normative poems, although perhaps not all of them at once, nor to such an extent. What I am referring to is rather more extreme. In "To a Statesman," "the voices" that "didn't reach you" actually belong to some human "them" we are told nothing about except that the voices are theirs. The same poem suddenly switches the addressee from male to female, and the tone from social to erotic, only to nonchalantly backtrack a sentence later. (Differences between languages prompted Genya Turovskaya to put the gendered pronoun into the third person; they also prevented her from attaching a pronoun to "voices.") An analogous deictic shift occurs in "Paper Dreams," a poem that, although dedicated to Jerome Rothenberg, suddenly starts slobbering over the tattooed clavicle of some informal "you" that probably does not belong to a professor emeritus of a large American university. In general, deictic deficiency is such a programmatic feature of Dragomoshchenko's work that he sneeringly has his critics in ". . . there they go, writing poems" assume the deictic, pointing pose of Lenin on the monument outside Finland Station:

> "But what exactly are you doing?"
> Yes, ask me, but ask intelligibly,
> ask me so that I may grasp what you're saying.
> Be articulate, do not avoid the sense of responsibility.
> Take two steps back, do not hurry,
> and if there is a stone nearby,
> stand on it, raise your arm as befits someone
> whom you can't lead by the nose,
> and then extend it, open-palmed,
> asking: "What exactly are you doing?"[3]

Just as Dragomoshchenko's word combinations do not exhibit well-formedness, neither do his combinations of larger units. His sentences, whose logic is that of dreams, often employ the rhetoric of ratiocination without delivering on the ratiocination. Conjunctions, especially causal (although, because, in order to), and connectives (in addition, however, besides) unite phrases whose logical connections remain loose, intangible, or nonexistent. Self-corrections and retractions obfuscate rather than clarify ("the voices *didn't* reach you. That is, / they *did* reach you"). The sentences break halfway or veer off into nothingness or verbose incoherence. (A strikingly formless smear of a sentence in "An Evening" programmatically associates such incoherence with the experience of being alive, as opposed to the other lines of the poem, so chiseled that even the dead can understand them.) On the higher level of narrative structures, there is obviously no beginning, middle, and end—no one has that anymore—the narrative signals rarely give any kind of consistent message, and, in general, the parts are often joined so haphazardly that they might as well belong to other poems.

Russia struggles to remain a poetically traditional society, where children memorize classic poems in school, and adults can get caught reading poetry for pleasure. Hence it is customary among Russian readers to look for literary allusions while interpreting poems, since they are expected to have much of the diminutive Russian canon in their subconscious memories. Perestroika-era postmodernism marched under Mandelstam's slogan *tsitàta eto tsikàda* ("the quotation is a cicada"), which some wag defaced, with universal approval, to read *tsitàta eto tsikùta* ("the quotation is hemlock"). Is intertextuality how Dragomoshchenko produces meaning? No cigar! The same as in his syntax, we are offered what *looks* like a quotation or an allusion, but we cannot make sense of it. Consider the second and part of the third line of "To a Statesman":

potomù chto	ostal'nòie	grìfelem	strashìt	nòch'iu, //	sìnim
because	the rest	with slate pencil	frightens	at / by / with night	blue
		noun; instrumental		*noun; instrumental*	*adj.; modifies* "pencil"

The indigenous reader compensates for semantic deficiencies by turning toward the history of Russian poetry: "Why, the slate pencil certainly refers to the last and unfinished ode of Gavrila Derzhavin . . . And then there is the 'Slate Pencil Ode' of Osip Mandelstam, one of his most difficult compositions, commemorating Derzhavin . . . And the notebook comes from Vvedensky—from the *tiòmnik* and the *tetràd'* of his final pieces—and together they stand for death, etc." But why is the slate blue? Is this a nod towards Paul Celan—"Der Tod ist ein Meister aus Deutschland / Sein Auge ist blau"? But—so what?

How do any these unascertainable associations help us understand what is happening in the poem? If the second line tells us only that the statesman is afraid of death, we could have figured that out without footnotes.

Intertextual banners are also raised by such Hellenophile constructions as "Aegean linens," "Stymphalian nightingales," "Phrygian, pentatonic trifles" (culling only from "To a Statesman"), recalling the Petersburg tradition. But they are not legible either. Rumor went around Petersburg in 1920 that Mandelstam, after writing the lines "I am so afraid of the weeping of the Aonides" and "The train station trembles with the song of the Aonides," started asking acquaintances who the Aonides were (the Muses, by another name). The story provides us with a suggestive vantage point on "Stymphalian nightingales," asserting the primacy of sound and stylistic aura over philological (and logical) accuracy. Why "Stymphalian"? Nobody is alluding to the labors of Hercules; it's just that "Stymphalian" has the right sound shape—with its evocation of Hellas and Barbary—for an ear that grew up with the Crimean myths of Russian modernism.

As in his handling of literary allusions, Dragomoshchenko's sound shapes both continue and empty out the legacy of Mandelstam. For the latter, sound shapes serve to establish similarity between things: for example, *i Giòte svìshchuschii na vyùshchiisia tropè* ("and Goethe whistling on a winding path"), implies isomorphism between the path and the whistled tune. Sound shapes in Dragomoshchenko, on the other hand, emphasize the uncanny and the illegible. One typical move is to pair words whose near-identity of appearance coexists with divergence in meaning, making the written seem indistinct, glimmering, spectral. Consider the following line from "The Weakening of an Indication":

bezrazlìchie	kàmnia	podròbno,	podòbno	shchèbniu
indifference	of stone	is elaborate / detailed,	similarly / similar	to gravel

It is similarity of sound and look that motivates the juxtaposition of the adjective "elaborate" (*podrobno*) with the adjective or adverb "similar"/"similarly" (*podobno*). After much doubt, we rendered the line in English as: "the indifference of stones recurs, recalls gravel." Another kind of wordplay appears in the strange-seeming pun in "To a Statesman":

kogdà	impèrii	rùshatsia,	slòvno	mel	na doskè	dochèrnei
when	empires	collapse	like	chalk	on the board	daughterly

The nonsensical "daughterly board" results from association by sound and look with "on the blackboard" (*na doskè chiòrnoy*), black being the most pervasive color in Dragomoshchenko's poetry. The image of chalk shattering upon such a board, with its Freudian whispers of incest and impotence, might also gesture toward the Stalin period, when so-called black boards of shame pilloried unproductive workers and saboteurs. Yet does the complex pun clarify anything about the statesman, the speaker, or even empires? Does it help us locate them as concrete historical entities? Ultimately, it does not. Rather than history, the poem wants to talk about phenomenology: not memory of this or that event, but of the texture of remembered experience "as such." (Incidentally, this is why we entitled it with a nod toward Plato's dialogue of the same name—«Политик» in Russian, "The Statesman" in English—instead of opting for the more obvious "To a Politician.")

Some concluding remarks. It might be tempting to regard Dragomoshchenko as one who rejects the domestic tradition in favor of a globalized poetic deriving from American and Western European models. Several aspects of his poetry lend credence to the view: its philosophical dependence on poststructuralism, its internationalized vocabulary, its dearth of local detail, and—most importantly—its adherence to free verse, still the main ideological marker in the Russian context. Presumably the animosity the poet encounters in his native country comes not so much from his complexity as from his alleged break with the Russian tradition. Cultural conservatives would see him as creating the kind of "world poetry" that, as Sinologist Stephen Owen argues, shears away the specificities of history, language, and culture to make itself more palatable to international—read: Western—audiences. Composing with the translator in mind makes such "world poetry," argues Owen, about as savory as wet paper.[4]

Stephanie Sandler, an American scholar of Russian literature, while discussing the three-decade-long dialogue between Dragomoshchenko and Lyn Hejinian, does indeed suggest the poet's process of composition to be affected by the text's future in English: "Dragomoshchenko has said that there are moments when he considers how a line will sound in Hejinian's translation, which affects his choices as a poet. He is, in effect, writing for a multilingual audience. Or we might say, following the lead of Walter Benjamin, he uses poetic language as if it were always already translated."[5] I respectfully submit that we should take Dragomoshchenko's admission with a grain of salt—or even a small beach of it. It is certainly true that he is "writing for a multilingual audience" in the sense that many of his poet friends and readers do not speak Russian. However, for him to make any choice based on translatability he would need to forego the syntactical discontinuities and the puns that lie at the heart of his poetic method, as I have demonstrated. His tendency to maximize connotation at the expense of denotation by appealing to specifically Russian idioms further compensates for the easy translatability of his free verse. I therefore attribute the poet's "admission" to graciousness, or to the fact that Hejinian for him was not just a translator but a partner in a literary dialogue that lasted almost thirty years. He does not use poetic language as if it were always already translated.

It bears adding that Dragomoshchenko's ideal translation is more imaginative than most people's. Translation for him is not about rendering his Russian as precisely as English allows. His translators have all had the experience of inquiring about the exact meaning of some line only to be told, in effect, to just "go and do something interesting," with target-language improvisation considered a legitimate extension of the poem's semantic field. This view of translation as an unfolding of the original poem's potential was also held by our mutual friend the late Alexei Parshchikov, a Russian metametaphorist poet with the same circle of American contacts. Even more nonstandard is Dragomoshchenko's way of handing his work to translators and then rewriting it some more, without informing anyone of the changes. I stumbled across these revisions only when, starting to compare English versions with Russian originals, I found many variant readings that could not possibly have come about as simple errors.

It is my opinion that the job of an editor of a bilingual volume that does not explicitly foreground variativity is to tamp down on it and—disregarding the author's love of the free play of signifiers—bring the English text into as literal a version of the Russian as possible. Although I did retain such translator successes as Lyn Hejinian's lineation, I sought to avoid the impression that we were mistaken or improvising when it was the author himself who changed the original after giving it away. Those variants that surely remain are mainly due to my oversight.

I would like to thank the translators for being so patient. An especial thanks goes out to Lyn Hejinian for reworking the versions of the poems published two decades ago in *Description*, and to her and Douglas Messerli for letting us cull from that book. We are also grateful to Deborah Meadows for suggesting this volume, and to Serguei Artiouchkov for generously helping solve challenges both logistic and philological.

EUGENE OSTASHEVSKY

NOTES

FOREWORD

1 From unpublished letter to LH, October 14, 1983.

2 From unpublished letter to LH, May 12, 1985.

ARKADII TROFIMOVICH DRAGOMOSHCHENKO

1 For their poetic friendship, see Jacob Edmond's *A Common Strangeness: Contemporary Poetry, Cross-Cultural Encounter, Comparative Literature* (New York: Fordham University Press, 2012), 44–94.

DRAGOMOSHCHENKO'S RUSSIAN

1 Michael Davidson, Lyn Hejinian, Ron Silliman, and Barrett Watten, *Leningrad: American Writers in the Soviet Union* (San Francisco: Mercury House, 1991), 40–41.

2 *The Complete Tales of Nikolai Gogol*, trans. Constance Garnett and Leonard J. Kent (Chicago: University of Chicago Press, 1985), 2:313.

3 Obfuscation of deixis is one of the more international features of Dragomoshchenko's poetry. Jonathan Culler describes Ashbery's "play with personal pronouns and obscure deictic references which prevent the reader from constructing a coherent enunciative act" as "one of the principal ways of questioning the ordered world which the ordinary communicative circuit assumes" (in his *Structuralist Poetics: Structuralism, Linguistics, and the Study of Literature* [Ithaca, NY: Cornell University Press, 1975], 168–69).

4 Stephen Owen, "What Is World Poetry?" *The New Republic*, Nov. 19, 1990, 28–31; and "Stepping Forward and Back: Issues and Possibilities for 'World' Poetry," *Modern Philology* 100, no. 4 (May 2003): 532–48.

5 Stephanie Sandler, "Arkadii Dragomoshchenko, Lyn Hejinian, and the Persistence of Romanticism," *Contemporary Literature* 46, no. 1 (2005): 20–21.

ELENA BALASHOVA co-translated the poems in Dragomoshchenko's *Description* (1990) and *Xenia* (1994), both published by Sun and Moon, with Lyn Hejinian.

JACOB EDMOND is author of *A Common Strangeness: Contemporary Poetry, Cross-Cultural Encounter, Comparative Literature* (Fordham University Press, 2012), which addresses the work of Dragomoshchenko, Hejinian, and other Russian, American, and Chinese poets. He teaches at the University of Otago, New Zealand.

LYN HEJINIAN is the author of more than twenty books of poetry, notably *My Life*, published in several editions since 1980, the latest by Wesleyan University Press (2013). Her travels to Russia resulted in her meeting Dragomoshchenko, writing *Oxota: A Short Russian Novel* (The Figures, 1991), and contributing to *Leningrad: American Writers in the Soviet Union* (Mercury House, 1991). She teaches at the University of California, Berkeley.

EUGENE OSTASHEVSKY is the editor and co-translator of *OBERIU: An Anthology of Russian Absurdism* (Northwestern University Press, 2006), Alexander Vvedensky's *An Invitation for Me to Think* (NYRB Poets, 2013), and Dmitry Golynko's *As It Turned Out* (Ugly Duckling Presse, 2008).

GENYA TUROVSKAYA is the editor and co-translator of *Red Shifting* by Aleksandr Skidan (2008) and *The Russian Version* by Elena Fanailova (2010), both published by Ugly Duckling Presse.

BELA SHAYEVICH is the co-translator of *I Live I See* by Vsevolod Nekrasov (Ugly Duckling Presse 2013) and *It's No Good* by Kirill Medvedev (Ugly Duckling Presse / n+1, 2012).